LES DEUX VOYAGEURS.

A PARIS,

chez
BELIN, Libraire, rue Saint-Jacques
CRAPART-CAILLE et RAVIER, Libraires, rue Pavé-Saint-André-des-Arts.
BLANCHON, Libraire, rue du Battoir.
DESENNE, Libraire, Palais du Tribunat.
MARADAN, Libraire, rue Pavé Saint-André des arts.

A STRASBOURG,

Chez TREUTELL, Libraire.

A BERLIN,

A la Librairie PITRA, rue des Frères, N.° 40.

LES DEUX

VOYAGEURS,

OU

LETTRES

Sur la Belgique, la Hollande, l'Allemagne, la Pologne, la Prusse, l'Italie, la Sicile et Malthe; contenant l'histoire, la description, les anecdotes les plus curieuses de ces différents pays, avec des observations sur les mœurs, les usages, le Gouvernement, la littérature et les arts,

Et un recit impartial des principaux Evènements qui se sont passés en Europe, depuis 1791 jusqu'à la fin de 1802.

ÉCRITES, SELON L'ORDRE DES TEMPS,

Par P. N. ANOT,

Ancien Sous-Principal au Collège de l'Université de Rheims,

Auteur du *Guide de l'Histoire*,

Et par F. MALFILLATRE,

Ci-devant [illegible] Jean de Jérusalem.

TOME II.

A RHEIMS,

Chez BRIGOT, Imprimeur-Libraire, place Nationale;

Et chez les AUTEURS, rue du Corbeau.

LES DEUX VOYAGEURS.

LETTRE DE MALFILLATRE A Mr. TOCHEL, A COLOGNE.

De Malthe, le 10 Août 1796.

« Admiranda tibi. . . . spectacula rerum,
« Magnanimosque duces, totiusque ordine gentis
« Mores, et studia, et populos, et prælia, dicam.

GÉORGIQUES, L. IV.

PRÉTENDRE renfermer dans les bornes d'une lettre, le précis le plus succinct de l'histoire de l'Ordre de Saint-Jean, ce seroit une folie. Ou ce précis seroit trop court, ou la lettre trop longue : tu donneras donc, mon cher ami, le nom qu'il te plaira à ce que je t'écris. Mon unique but a été de t'exposer la formation de cet Ordre, sa destination, les principaux traits qui l'ont illustré, et son existence actuelle.

Vers l'an 1048, des Négocians établis à Amalfi, obtinrent du Calife Abou-Tamin-Mostauser, la permission de fonder à Jérusalem un monastère de l'Ordre de Saint-Benoît, pour que les Chrétiens du *Rit Latin*, pélerins et voyageurs, pussent y exercer librement les devoirs de leur Religion : on désigna ce couvent sous le nom de Sainte-Marie de la Latine. Le concours de ceux qui alloient visiter le Saint-Sépulcre nécessita un autre établissement, et on construisit deux Hospices, pour y recevoir les pélerins de l'un et de l'autre sexe. On y dressa deux autels dédiés, le premier à Saint-Jean l'Aumônier, le second à Sainte-Magdelaine.

Plusieurs personnes venues d'Europe renoncèrent à revoir leur patrie, et se dévouèrent dans ces hospices au service des Chrétiens que la dévotion attiroit en Asie. Les marchands d'Amalfi, avec les aumônes qu'ils recueilloient en Italie, fournissoient aux besoins des malades, et des Religieux de Saint-Benoît, administroient les secours spirituels. On voit que les premiers Hospitaliers ne furent d'abord que des *frères lais.* Ils subsistèrent ainsi pendant 17 ans, et à cette époque, en 1065, les Turcomans, ayant conquis toute la Palestine, exercèrent dans Jérusalem des cruautés et des brigandages révoltants. L'Hôpital fut dévasté, et s'ils ne détruisirent pas le Saint Sépulcre, ce fut pour ne pas se priver du droit de rançonner les pélerins. La peinture que Pierre l'*Hermite* fit en Europe, du triste état de la Terre-Sainte, excita cette fermentation active qui donna lieu aux Croisades.

L'an 1099, le vendredi 15 Juillet, à trois heures après-midi, l'armée des Croisés s'empara de Jerusalem, ayant à sa tête Godefroi de Bouillon. Le premier soin de ce pieux vainqueur, après avoir assuré sa conquête, fut de visiter la maison Hospitalière de Saint-Jean. Il y fut reçu par le respectable Gérard, Provençal, dont le zèle et la vertu avoient soutenu ce charitable établissement contre la haine et les violences des Infidèles. Godefroi y trouva un grand nombre de Croisés, blessés durant le siège, dont on avoit eu tout le soin imaginable. Plusieurs gentils hommes furent si attendris des bons offices que les Hospitaliers leur avoient prodigués, que pour partager la gloire d'une conduite si édifiante, ils voulûrent s'associer à ceux qu'ils avoient tant admirés. Bouillon, afin de maintenir et aggrandir une institution si utile, lui sacrifia une partie de ses domaines en Brabant. Son exemple ayant été suivi par différents Seigneurs, l'hôpital posséda bientôt des revenus considérables en Europe et dans la Palestine.

Gérard, voyant que la Maison de Saint-Jean prenoit consistance, proposa à ses Confrères d'adopter une Règle, et de prononcer les trois vœux, de *pauvreté*, d'*obéissance* et de *chasteté*. On prit un habit Religieux ; il étoit d'étoffe noire, avec une croix de toile blanche, à huit pointes, attachée du côté du cœur. Telle est l'origine de l'Ordre de Saint-Jean, qui dès-lors s'affranchit de la Jurisdiction des moines. Son indépendance et sa Règle furent sanctionnées par Paschal II., qui, en outre, ordonna que le successeur de Gérard seroit élu par les Frères Hospitaliers. Bientôt, on vit s'élever un temple magnifique sous l'invocation de Saint Jean-Baptiste, où des Prêtres, attachés à la Maison, s'occupoient du service divin, tandis que les Hospitaliers servoient les malades. Ce fut au milieu des travaux de la plus fervente charité que mourut Gérard : ce vieillard tomba comme un fruit mûr pour l'éternité, en 1118. Il n'avoit eu que le titre de *Prévôt* : son successeur, Raimond du Pui, eut celui de *Maître*, et ensuite celui de *Grand-Maître*. Ce second Chef de l'Ordre en consolida l'établissement par les bâses fixes qu'il donna à l'administration. De sages Réglements sont adoptés et publiés dans un Chapitre général. De plus, Raimond voulut tirer de sa Maison un Corps militaire, pour la défense d'un pays toujours menacé. Il en fit la proposition à ses Religieux, et quoique cette profession leur parût peu analogue à leurs premiers engagements, le désir de protéger les Lieux saints les fit passer par-dessus les difficultés que sembloit présenter l'exercice de deux fonctions différentes. Raimond, ayant amené ses confrères à ses desseins, distribua les Membres de l'Ordre en trois classes. Il composa la première de ceux que leur naissance et le rang qu'ils avoient tenu autrefois dans les armées destinoient à manier l'épée ; il mit dans la seconde les Prêtres, qui, outre leurs occupations ordinaires, soit à l'Eglise, soit près des malades, seroient encore obligés de servir d'Aumôniers à la guerre : on fit la troisième classe de ceux qui n'étoient, ni nobles, ni Ecclésiastiques; et ceux-là étoient attachés, ou aux Chevaliers dans les armées, ou aux Infirmes dans les Hôpitaux. On les appella Frères Servants, ou *Servants d'armes*. Dans le service militaire, les Chevaliers se distinguoient à une *Sobreveste*, ou cotte d'armes rouge avec la croix blanche, semblable à l'étendard de la Religion et à ses Armes, qui sont *à fond de gueule et la croix-pleine d'argent*. Du reste, tous les Religieux ne formoient qu'un corps, et ils en partageoient les mêmes privilèges. Comme on accouroit de tous côtés pour s'enrôler sous les Enseignes de l'Ordre, on le divisa en sept Langues; savoir: *Provence*, *Auvergne*, *France*, *Italie*, *Aragon*, *Allemagne*, *Angleterre*.

La suite des temps amena des malheurs avec le relâchement de la première ferveur. Saladin, profitant des disputes intestines des Européens, gagna sur eux la célèbre et sanglante bataille de Tybériade, en 1187. Un grand nombre de Chevaliers, après avoir fait tout ce qu'on doit attendre d'une valeur intrépide, tombèrent entre les mains du barbare Sultan, qui, ne pouvant les contraindre, à force de tourments, à renier Jesus-Christ, les condamnoit au dernier supplice, faisant ainsi de ces héros de la Charité, de vrais martyrs de la Foi. La journée de Tybériade ouvrit à Saladin les portes de Jérusalem. Les Chevaliers eurent la permission d'y rester encore un an, jusqu'à l'entière guérison des malades : ce fut alors que les Religieuses Hospitalières de Saint-Jean se retirèrent en Europe, où elles firent des établissements considérables. Après la prise de Jérusalem, les Chevaliers se transportèrent à Saint-Jean d'Acre. Ils avoient aidé Gui de Lusignan à prendre cette ville. La discorde ayant divisé les Soudans, les Chrétiens respirèrent, rentrèrent même dans la Capitale de la Judée, et le Grand-Maître Guazin sacrifia l'argent du trésor de son Ordre, pour aider à relever les murailles de la Cité-Sainte. Mais à peine y avoit-on réintroduit le vrai culte, que la Palestine fut inondée par des hordes de Corasmins, peuple issu de la Perse, qui mirent tout à feu et à sang. Ils battirent si cruellement les Chrétiens en 1243, qu'il ne resta de cette boucherie que vingt-six Hospitaliers et trente-trois Templiers. Pour comble de malheurs, ces deux Ordres, aveuglés par un faux point d'honneur, tournèrent leurs armes l'un contre l'autre, et les

Chevaliers de Saint-Jean remportèrent sur leurs rivaux une victoire complette qui ternit leurs fastes. Le Grand-Maître, Hugues de Révei, calma ces courages bouillants, et raffermit l'Ordre ébranlé. Il fit arrêter dans un Chapitre général un rôle des sommes que chaque maison enverroit au trésor ; et par ce que dans les Commissions données aux Administrateurs, on se servoit de ces mots : *Commendamus*, etc. *Nous vous recommanmandons ces biens*, etc. . . ces régies particulières prirent le nom de *Commanderies*, d'où vint celui de *Commandeur*. On appella *Responsion*, la redevance de chaque bénéfice. Il paroit que dès ces temps-là, le Prieur de l'Eglise possédoit déjà, dans tout l'Ordre, l'autorité et presque tous les privilèges de la dignité Episcopale.

Quand le Soudan d'Egypte, Melec-Seraf, attaqua Saint-Jean d'Acre, en 1289, cette ville étoit occupée par des Européens de diverses nations, qui, se voyant sans ressources, s'enfuirent en Grèce et en Italie. Il ne resta que les Templiers et les Hospitaliers. Leurs exploits furent les derniers qu'admira ce pays-là : il fallut céder. Le Grand-Maître des Templiers fut tué d'un coup de flèche empoisonnée ; celui de Saint-Jean, de Villiers, après s'être ouvert un passage à travers les Infidèles, fit embarquer ce qu'il avoit encore de monde, et se réfugia à Limisson, dans l'isle de Chypre. Richard, Cœur-de-lion, après avoir conquis cette isle, l'avoit donnée à Gui de Lusignan, et Henri II y régnoit l'année que fut rendu Saint-Jean d'Acre.

Tant de revers n'abattirent point les Chevaliers. A peine eurent-ils pris quelque consistance en Chypre, qu'ils songèrent à réparer leurs pertes ; et en 1310, le quinze Août, après quatre ans de siège, le Grand-Maître Foulques de Villaret s'empara de l'isle de Rhodes, qui devint le chef-lieu de l'Ordre et lui donna son nom. Il fallut bientôt défendre ce qu'on avoit conquis : Rhodes fut attaquée par Ottoman, mais il fut obligé de se rembarquer honteusement. Tout l'Occident fut ravi d'admiration, quand on y apprit les succès des Hospitaliers. Il en résulta une comparaison désavantageuse aux Templiers, qui, au lieu de partager les dangers et la gloire de leurs rivaux, s'étoient retirés précipitamment dans leurs Commanderies. L'œil du public y éclaira la conduite de ces Chevaliers, qu'on prétendit être tombés du repos dans des désordres. Des rapports, vrais ou faux, parvinrent à noircir un Ordre que ses engagements sacrés auroient dû mettre à l'abri du soupçon même, et il fut supprimé au Concile général de Vienne, en 1311. Il faut avouer qu'en héritant des biens des Templiers, les Chevaliers de Rhodes héritèrent d'une partie des vices qu'on leur avoit reprochés. Heureusement, le zèle des Grands-Maîtres rappella avec énergie l'Ordre au souvenir de sa première vertu; elle ne reparut jamais dans son éclat primitif, mais la valeur fut toujours la même. Smirne, Alexandrie, Patras virent flotter sur leurs murailles l'étendard de la croix. En ce moment si brillant, cet Ordre fut enveloppé, ainsi que tout le reste de la Chrétienté, dans le Schisme fatal qui divisa si long-temps l'Eglise, et il y eut deux Grands-Maîtres, comme il y avoit deux Papes.

Les Chevaliers, qui avoient uni leurs forces à celles de Sigismond, Roi de Hongrie, partagèrent avec lui le revers de la journée de Nicopolis, en 1396. Bajazet, leur vainqueur, ayant été défait à son tour par Tamerlan, ce dernier redevint l'effroi de l'Asie et de l'Europe, et chassa les Hospitaliers de Smirne. Toutefois, ce double échec ne diminua rien de l'estime qu'on leur portoit. Le couvent de Rhodes nourrissoit jusqu'à mille élèves; la Marine de Saint-Jean rendoit les mers de Chypre et de Lycie inaccessibles aux Infidèles. Déjà deux fois, la flotte du Soudan d'Egypte avoit tenté d'emporter Rhodes: ces différentes entreprises n'avoient tourné qu'à la honte de leur auteur. Repousser ces agresseurs vulgaires n'ajoutoit presque rien à la gloire des Hospitaliers; mais il s'éleva un autre ennemi, la terreur de l'Univers, qui, après avoir écrasé l'Asie, renversé le siège de l'Empire de Constantinople, vint échouer contre les murs de Rhodes. Mahomet II, en 1453, fier d'avoir emporté la Capitale des Grecs, fit sommer le Grand-Maître des Hospitaliers de le reconnoître pour son Souverain, et de lui payer un tribut de deux mille ducats. Ces propositions furent rejettées. Croiroit-on que dans cet instant de crise, la discorde désunît les Chevaliers? Les mécontents se plaignirent que les dignités fussent affectées aux Langues. Il fallut affermir les anciens Réglements par de nouveaux, en vertu desquels la charge de Grand-Commandeur resta attachée à la Langue de Provence; celle de Maréchal de l'Ordre, à la Langue d'Auvergne ; celle de Grand-Hospitalier, à la Langue de France ; celle d'Amiral, à la Langue d'Italie ; celle de Grand-Conservateur, à la Langue d'Aragon ; celle de Turcopolier, ou Général de Cavalerie, à la Langue d'Angleterre ; celle de Grand Bailli à la Langue d'Allemagne. Pour contenter les jaloux, on créa une nouvelle Langue, celle de Castille-et-Portugal, à laquelle on attribua la charge de Grand-Chancelier.

Cette affaire fut terminée à temps, pour s'opposer à l'orage qui éclata peu après. En 1480, une flotte de cent soixante vaisseaux de haut-bord, portant près de 100,000 hommes, parut à la vue de Rhodes, le vingt-trois Mai. Pierre d'Aubusson court au premier poste attaqué, en disant à ses Chevaliers : *C'est ici le poste d'honneur ; il appartient à votre Grand-Maître.* Le canon ennemi ouvre deux brêches ; les Chevaliers avoient creusé vis-à-vis un fossé profond et élevé un nouveau mur derrière l'autre. Le Bacha désespéré a recours à la voie du poison ; mais les deux Renégats, qui s'étoient chargés de cette affreuse commission, furent découverts et mis en pièces. On en revint à la force. Le Bacha commande l'assaut ; déjà il a arboré le Croissant. Un combat

combat furieux s'engage, le Grand-Maître oublie qu'il a reçu deux blessures, et tue de sa main plusieurs Officiers Turcs. Son sang, que les Chevaliers voyent couler, ranime leur courage; ils s'élancent au travers des plus épais bataillons, fait un carnage horrible, et le siège est levé. A cette nouvelle, Mahomet entre en fureur, et jure de réduire par lui-même les Hospitaliers, la campagne prochaine. La mort arrêta ce conquérant; il ordonna qu'on gravât sur son tombeau, ces paroles qui exprimoient son dépit : *Je me proposois de conquérir Rhodes et l'Italie.*

Bajazet eut à lutter contre son frère Zizim, qui lui disputoit le trône. Zizim vaincu se jetta dans les bras de l'Ordre. On conserve dans les archives de Malthe un écrit signé de la main de cet illustre Exilé, par lequel il s'engage à vivre en paix avec les Hospitaliers, s'il recouvre l'Empire, et à leur payer 150,000 écus d'or, pour les dédommager des dépenses qu'ils auront faites en sa faveur. D'Aubusson, pour ôter tout ombrage à Bajazet, lui promit de tenir son frère éloigné, et sous la sauve-garde de la Religion : en reconnoissance, l'Empereur lui envoya la main de Saint Jean-Baptiste, Patron de l'Ordre. Elle avoit été apportée d'Antioche à Constantinople, où Mahomet II l'avoit fait mettre dans son trésor, sans doute à cause de la richesse du reliquaire. Zizim passa en France, et delà à Rome, où il trouva une fin bien triste. D'Aubusson n'étoit peut-être pas sans reproche; au moins paroît-il que le chagrin le mit au tombeau, peu après la mort malheureuse du Prince Turc.

Le moment approchoit où l'héroïsme de l'Ordre alloit se montrer dans tout son jour, même en succombant. Soliman II, en 1521, somma le Grand-Maître, Villiers de l'Isle-Adam, de lui abandonner Rhodes; et pour intimider davantage, il parle au nom de Mahomet, de vingt-six mille autres Prophêtes, et de quatre Musaphi tombés du ciel. A ces grands mots, on résolut de ne répondre que par le canon. On étoit prêt, et les cinq bastions avoient été confiés aux plus valeureux d'entre les Chevaliers : on en comptoit en tout six cents, et quatre mille cinq cents soldats. Le Grand-Maître quitte son Palais, va se loger à l'endroit le plus foible des boulevards, ordonne un jeûne et des prières, et se prépare à la plus vigoureuse résistance. La ville avoit des ennemis intérieurs : des Conjurés devoient y mettre le feu ; ils furent découverts et punis du dernier supplice.

La flotte Turque, de quatre cents voiles, avoit à bord 140,000 soldats et 60,000 pionniers. Le siège étoit déjà commencé, quand Soliman arriva, le vingt-deux Juillet 1522 ; et pendant un mois entier, l'artillerie ennemie ne cessa de foudroyer les bastions, les tours et les murailles. Envain les batteries des Turcs furent-elles souvent ruinées : ils les relevoient sans se rebuter, et rasoient quelquefois en une heure les ouvrages que les Chrétiens avoient eu bien de la peine à rétablir en plusieurs jours. La poudre manquoit aux Hospitaliers : ce malheur venoit de la trahison du Chevalier Portugais, Amaral, qui s'étant vu préférer l'Isle-Adam pour le Grand-Magistère, avoit juré la perte de l'Ordre, et entretenoit correspondance avec Soliman. Ce perfide, qu'on ne soupçonnoit point d'une trâme si affreuse, avoit déclaré au Conseil, avant le siège, que les provisions de poudre suffisoient pour se défendre un an. Rien n'étoit plus faux... On ménagea le peu qu'il en restoit pour l'assaut qu'on prévoyoit être prochain. Il eut lieu.... Six toises de murailles tombent, et leurs ruines comblent les fossés. Sept étendards Turcs flottoient sur les bastions. L'Isle-Adam accourt, s'élance comme un lion furieux, arrache les enseignes, et secondé par les siens, que son exemple entraîne, il repousse l'ennemi. Soliman, pour ranimer ses soldats, leur promet le pillage de la ville, et un nouvel assaut est livré le 24 Septembre; Chevaliers, Bourgeois, Prêtres, Moines, Vieillards, femmes et enfants, tous prennent part au péril, et lancent des pierres, des torches, du souffre, de l'huile bouillante. Le carnage est horrible des deux côtés; Soliman se retire, et laissant quinze mille hommes sur la brêche. La perte des Rhodiens est aussi considérable à proportion; peu échappent sans blessures. Soliman, la rage dans le cœur, résolut de lever le siège, et déjà son armée étoit en pleine retraite, quand il apprit que la place n'étoit pas en état de tenir. Un valet d'Amaral avoit jetté dans le camp ennemi une flèche, à laquelle étoit attachée une lettre qui instruisoit le Sultan. Il fut apperçu, et accusa son maître. Celui-ci nia tout; mais trop de preuves déposoient contre lui; il fut dégradé et décapité. Le mal étoit fait; sa mort n'y apporta aucun remède. Soliman ramena les Turcs à l'assaut, le 30 Novembre. Ce fut encore pour les voir fuir ; le courage des Chevaliers sembloit en avoir fait des milliers de Héros invincibles.

Cependant les habitants, voyant l'impossibilité de résister, et redoutant la colère du Grand-Seigneur, supplièrent l'Isle-Adam de pourvoir à sa sûreté et à la leur. Il répondit que lui et les siens avoient choisi leur sépulture sur la brêche. Le lendemain, arrive une nouvelle députation, qui joint la menace à la prière. Le Conseil s'assemble : le Grand-Maître opine à tenter les dernières extrémités ; mais, sur l'avis de l'Ingénieur et des principaux Commandants, les autres Membres décident qu'on capitulera. On demande une trêve de trois jours ; c'est en vain. . . . Nouvel assaut. Les Chevaliers se retirent dans la ville, où ils veulent encore se défendre. Les habitants conjurent de rechef le Grand-Maître de reprendre les négociations ; l'Isle-Adam cède, et la Capitulation est signée. Elle portoit en substance, que la religion Chrétienne seroit libre et les Eglises respectées ; que ceux des Rhodiens qui voudroient sortir de l'Isle, en auroient la permission ; que Soliman fourniroit des vaisseaux, si la Religion n'en avoit pas assez pour transporter ses Membres, leurs effets, et les canons nécessaires pour armer les Galères.

Soliman se montra magnanime. Il fit insinuer au Grand-Maître qu'il seroit bien aise de le voir; et à son aspect, il fut touché de la majesté qui éclatoit dans la personne de ce vieillard. Il le consola, l'engagea à changer de religion, et de passer à son service. L'Isle-Adam, aussi zélé Chrétien que brave Capitaine, ayant refusé ses offres, Soliman, en signe d'amitié, lui présenta sa main à baiser. Il fit dire ensuite à l'Aga qu'il répondroit sur sa tête du moindre emportement des Janissaires. Le vainqueur visita le Grand-Maître, l'assura de nouveau qu'il prenoit part à ses malheurs, et, en se retirant, dit à un de ses Généraux : *Ce n'est pas sans peine que j'oblige ce Chrétien, à son âge, de sortir de sa maison.* Le siège de Rhodes avoit coûté la vie à 50,000 Turcs.

Le Grand-Maître appareilla le 1.er Janvier 1523, emmenant le reste de ses Chevaliers et quatre mille habitants. Il monta le dernier sur son vaisseau. Quel touchant spectacle de voir ces braves militaires, et ces infortunés Rhodiens chargés de leurs meubles, suivis de leurs familles, partageant le sort de l'Ordre, et comme lui, sans asyle, sans patrie. On aborda dans le port de Messine. Tous les Citoyens de cette ville accoururent; leurs yeux s'attachoient sur le Chef des Hospitaliers, que sa constance dans les revers rendoit plus intéressant encore que la gloire d'une vigoureuse résistance. La peste affligeant la Sicile, les Chevaliers se transportèrent à Cività - Vecchia. Peu après, Clément VII monta sur la Chaire de Saint-Pierre, et le Grand - Maître regarda son élévation comme une faveur du Ciel. Ce Pape avoit été Chevalier de Rhodes, et c'étoit le premier Membre de cet Ordre qui fût parvenu au souverain Pontificàt. Il fut permis aux Hospitaliers de se fixer à Viterbe, en attendant qu'on pût trouver un autre endroit, qui les mît à portée de continuer leurs fonctions militaires.

Charles-Quint, craignant que la prise de Rhodes ne fît naître aux Turcs l'idée de s'emparer de la Sicile, proposa à l'Ordre de Saint-Jean de s'établir dans l'Isle de Malthe, persuadé que les Hospitaliers, placés si avantageusement, rendroient inutiles les efforts des Infidèles. Le Grand-Maître passa en Espagne, s'aboucha avec l'Empereur et avec François I, alors prisonnier à Madrid. Il fit ensuite le voyage d'Angleterre, où il reçut mille marques de bonté de la part de Henri VIII. Assuré de la protection des principaux Monarques de l'Europe, il accepta la donation des Isles de Malthe et du Goze, ainsi que de Tripoli, à la charge que l'Ordre tiendroit ces Places des Rois de Sicile comme *Fiefs-nobles*, *francs et libres*. Il fut convenu que dans la vacance du siège Episcopal, la Religion présenteroit trois sujets, dont le Roi choisiroit qui bon lui sembleroit; que l'Evêque seroit honoré de la Grand-Croix; que l'Ordre jouiroit des droits de souveraineté, et entr'autres de celui de battre monnoie. Le 26 Octobre 1530, la petite flotte de Saint-Jean entra dans le Port de Malthe. Les Rhodiens fugitifs, quelques soldats au service de l'Ordre étoient arrivés peu de temps auparavant. Le Grand-Maître rendit ses premiers hommages à Dieu dans l'Eglise de Saint-Laurent; ensuite, on se dispersa dans de misérables cabanes. L'isle-Adam alla prendre possession de la Cité-Vieille, ou *Notable*, que Ptolomée appelle *Melita*. Les Arabes lui avoient donné le nom de

Medina, en mémoire de la ville d'Arabie qui servit d'asyle à Mahomet.

L'Isle de Malthe avoit appartenu successivement aux Phéniciens, aux Grecs, à un Prince Africain, dit *Battus*, aux Carthaginois, enfin aux Romains, qui y avoient un Gouverneur, comme il paroît par l'histoire du naufrage de Saint-Paul. Cet Apôtre y fut jetté en 53. Publius, qui commandoit dans l'Isle, l'accueillit avec bonté, et lui permit de prêcher la Foi aux habitants, dont Saint-Luc fait l'éloge. La tradition du pays est que Publius fut le premier Evêque de Malthe; il y a ici une Eglise sous son invocation. La petite Calle où aborda Saint-Paul, porte encore son nom, et on voit sa statue dans un endroit de la campagne, où l'on croit qu'il a instruit les Malthois; on l'honore ici d'un culte particulier. Cette Isle n'a pas échappé aux ravages des Vandales. Ils la désolèrent pendant près d'un siècle, jusqu'à ce qu'ils en fussent chassés par le fléau des Barbares, l'intrépide Bélizaire. L'Empire Grec la conserva jusqu'en 870: alors, elle tomba sous le sceptre des Arabes. Les Empereurs de Constantinople la recouvrèrent pour un moment. Les Sarazins la reprirent, et y firent dominer leur langage;

ils furent obligés dans la suite de la céder aux Rois Normands, et depuis cette époque, Malthe suivit le sort de la Sicile. Au temps de la donation de Charles-Quint, on n'y comptoit que douze mille habitants, la plupart pauvres; et le Port n'avoit pour défense que le Château Saint-Ange, qui dominoit une petite ville appellée le *Bourg*.

Le projet de l'Isle-Adam étoit de construire une ville sur cette langue de terre, dite le mont *Scebcrras*, qui sépare les deux Ports; mais, faute de fonds, il fallut renoncer à cette entreprise. Le Pavillon de Saint-Jean redevint la terreur des Infidèles dans les différentes expéditions que fit l'Amiral Doria au Levant, et de sages Règlements affermirent la discipline. Toutefois, sous les yeux d'un supérieur aussi sévère que vigilant, l'esprit de division arma les Chevaliers les uns contre les autres. Il se livra des combats. On ne calma l'orage, qu'en privant de l'habit les plus mutins, dont quelques-uns même furent jettés dans la mer. Un plus cruel chagrin abrégea les jours du Grand-Maître. Il ne put survivre au schisme d'Angleterre, qui enlevoit à l'Eglise Romaine tout un Royaume, et à son Ordre une Langue avec une partie considérable de ses revenus. Il expira en 1534, et on grava sur son tombeau ce bel éloge :

C'est ici que repose la Vertu
Victorieuse de la Fortune.

Sous son Successeur Dupont, Charles-Quint alla débarquer en Afrique, où il prit la Goulette, en 1536, avec l'aide des Chevaliers. Il ne dissimula pas qu'il devoit cette conquête à l'Ordre, et lui accorda de nouveaux privilèges. Ces guerriers étoient tout de feu ; c'étoient tous les jours des triomphes glorieux remportés sur la marine Ottomane. Les loix d'ailleurs conservoient leur vigueur ; les fautes n'osoient se flatter de l'impunité. Un diacot, qui avoit volé des perles dans l'Eglise, un Chevalier Anglois, qui avoit poignardé une Malthoise, furent tous deux précipités dans les flots.

Soliman frémissoit de voir que ses ennemis n'avoient que changé de place, et que sur ce nouveau théâtre, ils étoient aussi redoutables qu'à Rhodes. Il avoit chargé Dragut, successeur de Barberousse à Tripoli, de s'emparer de Malthe; mais une contenance fière et une fausse lettre interceptée qui donna le change aux Infidèles, les déconcertèrent tellement, qu'ils retournèrent en Afrique. Ils crurent avoir assez fait en reprenant Tripoli *, que l'Ordre n'occupoit que par égard pour les volontés de l'Empereur. Soliman n'étoit pas satisfait ; ses préparatis immenses annonçoient ce qu'on avoit à craindre. De leur côté, les Hospitaliers ne s'endormoient pas : un Fort s'éleva à la pointe du mont Sceberras ; on le garnit d'artillerie, et on l'appella Saint-Elme, en mémoire d'une tour de ce nom qui défendoit le port de Rhodes. Le Grand-Maître la Sangle avoit flanqué de bastions le contour de l'Isle Saint-Michel. On prévoyoit l'orage; il éclata sous le règne de celui qui pouvoit le mieux en rendre la violence inutile; c'étoit Jean de la Valette, fait Grand-Maître en 1557.

La discorde se tut : toute haine particulière se calma ; les beaux jours de l'Ordre reparûrent à l'approche de l'ennemi. On vit les Chevaliers, à genoux devant le Saint-Sacrement, offrir leur vie au Dieu des Chrétiens, et prêts à

* En 1551.

répandre leur sang, se nourrir de celui de Jésus-Christ. Ils étoient au nombre de sept cents; et on comptoit en outre huit mille cinq cents hommes de guerre. La Valette assigna les postes. Les trois Langues de France et celle de Castille furent placées au Bourg; celle d'Italie à l'Isle de la Sangle; celle d'Aragon à Bourmola, quartier situé entre les deux premiers; les Portugais et les Allemands le long du Môle jusqu'aux fossés du Château Saint-Ange, où il y avoit une garnison de cinq cents hommes, avec cinquante Chevaliers. On jetta quelques troupes dans la Cité-vieille; Romegas, avec les Galères, défendit l'entrée du port. Soixante Chevaliers et une compagnie d'Infanterie Espagnole furent chargés de Saint-Elme; Lacerda les commandoit : le Goze fut confié à un Majorquin.

La Flotte Turque parut à la hauteur de Malthe, le 18 Mai 1565; elle étoit de cent cinquante-neuf vaisseaux à rames, et portoit 30,000 soldats. Trois mille hommes débarquent à la Calle de Saint-Thomas; le lendemain, le reste opère la descente au port de Marsa-Sciroc, et inonde le pays. Saint-Elme est investi et la tranchée ouverte, malgré la résistance du rocher. Le Bacha Mustapha ne tarda pas à faire tirer dix canons, qui portoient quatre-vingts livres de balle, deux coulevrines de soixante, et un Basilic, qui lançoit des pierres de cent soixante livres. . . . Arrive le terrible Dragut avec des renforts. Il ouvre une seconde parallèle, plus proche du Fort, et dresse une batterie à l'entrée du port de Marsa-Musciet. L'endroit se nomme encore aujourd'hui *Pointe de Dragut*. Dans le premier assaut, pour emporter un ravelin, les Turcs perdirent trois mille hommes, et l'Ordre vingt Chevaliers. Un second, un troisième assaut se livrent, plus meurtiers que le précédent, et tout aussi inutiles que lui. Le désespoir des Hospitaliers les sauva ; ils cherchoient, non à vaincre, mais à venger leur mort, qu'ils voyoient presque inévitable. La communication étoit coupée entre Saint-Elme et le Bourg. Les Turcs montèrent une quatrième fois à l'escalade, et emportèrent le Fort : ils n'y trouvèrent que des ruines, et le cadavre du dernier des Chevaliers. Alors, la flotte ennemie entra sans obstacle dans le port Marsa-Musciet, en triomphe, et au bruit du canon et de la musique. Dragut se mouroit en ce moment, blessé par un éclat de pierre ; à la nouvelle de la prise de Saint-Elme, il leva les yeux au ciel, comme pour le remercier, et expira.

Les Mahométans tournèrent leurs attaques contre le Bourg, et pour intimider les Chevaliers, le Bacha ouvrit l'estomac à ceux des blessés qui respiroient encore, les revêtit de leurs *sobrevestes*, les attacha à des planches, et les fit jetter à la mer, dans l'espérance que la marée les porteroit au pied du Château Saint-Ange; ce qui arriva en effet. Un spectacle si triste arracha les [illegible] des yeux du Grand-Maître, qui pour [illegible] ne pas faire la guerre en bo[illegible] donna d'égorger les prisonniers [illegible] et de lancer, au moyen du canon, [illegible] têtes sanglantes dans le camp des Infidèles. Il défendit, de plus, de faire désormais des prisonniers, donnant ainsi à entendre à ses soldats que leur salut dépendoit de celui de la place. Le Bacha fit investir les Forts du côté de terre, et ses batteries, élevées sur des hauteurs, les foudroyoient d'une manière affreuse. Pour hâter leur ruine, il conçut le dessein de les battre par mer, en faisant passer des barques dans le grand Port. C'en étoit fait de Malthe, si un Officier général Turc, né Grec et Chrétien, touché de compassion à la vue du désastre qui alloit suivre, n'eût écouté les remords de sa conscience, qui lui reprochoit de servir Mahomet contre les défenseurs de la Chrétienté. Ce Seigneur, nommé *Lascaris*, descendoit de cette illustre Maison qui avoit donné des Empereurs à l'Orient. Il passa, non sans risque, du côté des Chevaliers, qu'il instruisit du danger dont ils étoient menacés. Le Grand-Maître le récompensa, et l'employa utilement dans le siège.

Pour prévenir les tentatives des Turcs, on tendit des chaînes de fer : on enfonça des pieux dans la mer. Envain essayèrent-ils d'abattre ces palissades, à la nage et à coups de haches ; ils furent repoussés avec perte par les Malthois, aussi braves soldats qu'habiles nageurs. Les Infidèles prirent un autre moyen. A force de bras, ils transportèrent des barques d'un port à l'autre, et tentèrent de rompre l'estacade : ce fut de la peine et du sang perdu. Cependant, les batteries de terre ne cessoient de jouer contre le Bourg et le fort Saint-Michel. Ce dernier soutint, le 2 Août, une nouvelle attaque de la part des ennemis, qui revinrent cinq fois à la charge. Différents combats furieux ensanglantèrent les journées des 5 et 7 du même mois, sans plus de fruit. Mustapha ramena les Janissaires à la brêche les 19 et 20; la présence du Grand-Maître, et l'intrépidité des Chevaliers, sembloient doubler les moyens de défense. Les premiers jours de Septembre furent marqués par de nouvelles défaites des Mahométans; mais ce qui acheva de les décourager, fut l'apparition de la flotte du Viceroi de Sicile, qui débarqua plus de six mille hommes dans la Calle de la Melléha. Ce secours, que le Bacha n'avoit pu empêcher d'aborder dans l'Isle, lui fit lever le siège avec tant de précipitation, qu'il abandonna Saint-Elme et sa grosse artillerie, pour fuir plus promptement. Bientôt après, honteux d'avoir cédé à la peur, il remit ses troupes à terre. Mais les tranchées des Turcs étoient détruites; et leurs soldats découragés, s'étant laissés battre près de la Cité-Vieille, toute l'armée se rembarqua le 8 Septembre 1565.

Tel fut le succès de ce siège mémorable, qui coûta aux Musulmans 30,000 hommes et 78,000 coups de canon. Le Bourg, pour éterniser un événement si glorieux, prit le nom de *Cité-Victorieuse*. L'Ordre perdit trois cents Chevaliers et huit mille soldats. La Valette, dont le nom fut célébré chez toutes les nations, reçut des compliments de la plûpart des Souverains de l'Europe sur sa belle défense, et le Roi d'Espagne lui envoya une épée avec un poignard très-riche, pour s'en servir contre les ennemis de la Foi.

Le Grand-Maître, se voyant en sûreté contre Soliman, releva les fortifications de l'Isle, aggrandit Saint-Elme, résolut de construire sur la même langue de terre une ville revêtue de tous les ouvrages capables de la rendre imprenable, et d'y transporter ensuite le Couvent. Les Princes de l'Europe s'empressèrent de fournir les secours nécessaires, et La Valette posa la première pierre de la nouvelle ville, le 28 Mars 1566. Sa construction coûta des sommes immenses ; et pour suppléer au défaut d'argent, on fit frapper une monnoie de cuivre, à laquelle on attacha une valeur qu'elle n'avoit pas intrinsèquement. La légende étoit * : *Non*

* Elle tire sa valeur non du métal, mais du crédit qu'on lui donne.

ces, sed fides. Elle subsiste encore; on sent qu'elle n'a cours que dans l'Isle. La Valette jouissoit de voir l'ouvrage s'avancer, quand l'insubordination de quelques Chevaliers, et des injustices faites à son Ordre, empoisonnèrent ses vieux jours. Un violent coup de soleil acheva de l'accabler; il mourut, en prononçant le nom de Jésus, le 21 d'Août 1568. Son corps fut déposé, au milieu d'une cérémonie lugubre, dans la chapelle de Notre-Dame de la Victoire, bâtie à ses dépens dans la nouvelle Cité. Il y avoit élu sa sépulture. . . J'y ai vu son tombeau, et ce n'a pas été sans attendrissement.

Le fameux combat de Lépante fut pour l'Ordre de Saint-Jean une occasion de cueillir de nouveaux lauriers. Les Galères de Malthe contribuèrent au succès de cette journée, qui donna la mort à trente mille Infidèles, et la liberté à vingt mille esclaves Chrétiens *. Il eût fallu, pour l'honneur des Chevaliers, qu'ils eussent toujours les armes à la main. Libres des ennemis du dehors,

---

* En 1571.

ils en trouvoient de plus terribles au dedans, la discorde et l'impatience du frein. Le Grand-Maître La Cassière, animé du desir de rappeler les mœurs à la pureté primitive, purgea le Bourg et la Cité-Valette de ces femmes sans pudeur, dont le commerce ne pouvoit être que funeste aux Chevaliers, et scandaleux au Public. Pour récompense de son zèle, il se vit traité d'imbécille, arrêté par une poignée de séditieux, et conduit au Château Saint-Ange, à travers une haie de jeunes gens des deux sexes, qui se vengeoient, en l'accablant d'injures, de la contrainte à laquelle il avoit essayé de les réduire. Romegas accepta le titre de Grand-Maître; mais il eut horreur de son intrusion, et mourut de chagrin, quand il sçut que La Cassière, qui en avoit appelé à Rome, y avoit été accueilli, et soutenu par le Souverain Pontife. Le Grand-Maître, sachant que le calme étoit rétabli à Malthe, songeoit à y retourner, lorsque la mort le surprit en 1581. Verdala lui succéda, et eut aussi à combattre l'esprit de mutinerie, qui agitoit l'Ordre. En vain le Pape l'avoit-il revêtu de la pourpre Romaine: cette haute dignité ne suffit pas pour en imposer à ceux qui ne reconnoissoient plus de loi. Ce fut Verdala qui fit bâtir le château du Bosquet : c'est encore une des maisons de campagne des Grands-Maîtres ; mais le Souverain actuel en fait peu de cas, et il n'est habité que deux mois de l'année par le Collège des Diacots. J'y suis maintenant avec mes confrères, et c'est du Bosquet que je t'écris.

A-peu-près vers le même temps, commencèrent les interminables disputes, qui se sont si souvent renouvellées, entre le Grand-Maître, l'Evêque, le Prieur de l'Eglise et l'Inquisiteur, ou Ambassadeur du Souverain Pontife. Le conflit de Jurisdiction en fut l'origine ; et l'impossibilité de décider, pour tous les cas, les limites de plusieurs autorités trop voisines l'une de l'autre, a perpétué ces vieilles querelles, qui ne sont pas encore étouffées. Il y a ici une Eglise, construite depuis long-temps, qui n'est pas bénite, parce que l'Evêque et le Prieur s'attribuent tous deux le droit de le faire. Mais ce que je vais dire, est poussé au ridicule. L'an 1636, l'Evêque *Balagut*, pour grossir le nombre de ceux qui reconnoissoient sa Jurisdiction, s'avisa, par un travers d'esprit inconcevable, de conférer la tonsure à la classe la plus ignorante, et sans teinture d'instruction. Le Pape, justement indigné de cette conduite, déclara ce clergé *d'une espèce nouvelle*, incapable de jouir des privilèges de son état. On vit, vers la même époque, le fils d'un Sultan, fait esclave dès son enfance, prendre l'habit de Saint-Dominique. Son tombeau est dans un couvent de Dominicains, près du Bosquet, où il vécut sous le nom de *Père Ottoman*.

Les efforts des Princes Chrétiens, auxquels les Hospitaliers avoient uni les leurs, n'ayant pu empêcher la chûte de Candie, le Grand-Maître Nicolas Cottoner, Espagnol, qui avoit succédé à son frère, craignit de voir son Isle attaquée par les Infidèles. Il multiplia les fortifications; la Floriane, faubourg de la Valette, fut rendue imprenable; on entoura le bourg Bourmola*, et l'Isle de la Sangle, d'ouvrages immenses, qu'on appelle encore la *Cottonère*. On construisit le Fort Ricazoli, à l'entrée du grand Port. Ce fut sous ce Magistère que le Chevalier Temericourt, après s'être défendu contre cinq vaisseaux de Tripoli, fut jetté par la tempête en Barbarie, où on le fit esclave.

En 1670.

On le transporta delà à Andrinople, où Mahomet III, sur son refus de croire à l'Alcoran, lui fit trancher la tête en 1672.

Un nouveau Fort s'éleva en 1722, par les ordres de Manoël de Villhena, Portugais. Il est situé dans la petite Isle de Marsa - Musciet, et porte le nom de Manoël. Pour témoigner son affection à son Eminence, le Pape, Benoît XIII, lui envoya l'*Estoc* et le *Casque* bénis à Noël avec solemnité. L'Estoc est une épée d'argent doré, longue de cinq pieds; et le Casque est un bonnet de velours pourpre, brodé d'or, garni d'un Saint-Esprit de perles.

Les Turcs, ni les Barbaresques, n'osoient plus paroître dans la Méditerranée, sans craindre d'être faits esclaves, ou coulés à fond. Il ne leur sembloit pas probable qu'en réunissant même leurs forces, ils pussent prendre une Isle, qui, peu fortifiée alors, avoit néanmoins résisté aux armes de Soliman. Ils résolurent de substituer la trahison à la bravoure; et ce que les troupes Ottomanes n'avoient pu faire pendant la guerre, les sourdes pratiques d'un prisonnier furieux pensèrent l'exécuter pendant la paix. Un Turc, né pour des actions plus glorieuses, petit-fils de Visir et Bacha de Rhodes, mais esclave à

Malthe, y avoit tramé, pendant plus d'un an d'intrigues, une conspiration affreuse. Le jour de Saint-Pierre, dans l'absence de la plûpart des Bourgeois de la Valette, et d'un bon nombre de Chevaliers attirés à la Cité-Vieille à l'occasion de la fête, plus de cinq cents esclaves conjurés devoient poignarder le Grand-Maître Pinto, le Conseil, les Chevaliers qui seroient restés dans la ville, la Garnison et enfin la Bourgeoisie. Ils espéroient ensuite se maintenir jusqu'à l'arrivée des secours qu'ils attendoient de Barbarie. Le massacre alloit avoir lieu, si un Arménien et un Juif, nouvellement baptisés, n'eussent découvert le complot la veille de l'exécution. La torture arracha l'aveu aux coupables. Les principaux d'entr'eux furent écartelés dans le port par des barques, qui, poussées par la rame en sens contraire, leur déchiroient les membres. Le secours attendu d'Afrique parut en effet; mais le silence qui régnoit dans l'Isle, fit comprendre aux Barbaresques que le coup étoit manqué.

Le Portugais Pinto gouvernoit l'Ordre avec beaucoup d'énergie; mais on lui a reproché des vues trop vastes, que l'ambition seule pouvoit suggérer. Il conçut l'idée chimérique de se rendre Maître de

la

la Sardaigne, et il intrigua dans toutes les Cours. Ces démarches furent désapprouvées, et Louis XV en fit une critique sévère, en disant: *Il sied mal à un Gardien de Religieux de vouloir jouer un rôle dans l'Europe.* Pinto voyant son projet échoué, ne perdit rien de sa fierté. Brouillé avec le Roi de Naples, il fit sa paix aves les Africains, qui par-là ravagèrent impunément les côtes des Deux-Siciles, jusqu'à ce qu'il plût au Vassal de se réconcilier avec son Suzérain.

La prise d'une *Sultane*, qui avoit à bord une artillerie formidable, et un nombreux équipage, fut si sensible à l'Empereur Turc, qu'il eut recours à Louis XV pour obtenir justice des Chevaliers de Malthe. Le Roi de France, voulant complaire au Grand-Seigneur, se mêla d'une affaire, qui pourtant lui étoit étrangère. L'Ordre plia, pour ne pas irriter un Prince puissant. Les Chevaliers reconduisirent le vaisseau jusques dans le port de Constantinople, et les Escadres de la Religion n'osèrent plus croiser au Levant, pour ne pas gêner le commerce des Turcs. Elles furent bornées à défendre les vaisseaux marchands contre les Corsaires de Barbarie; ce

Traité porta un coup mortel à l'Ordre de Saint-Jean. Privés des moyens de se signaler, les Chevaliers remplirent les vides de leurs journées par les inconvénients qui suivent toujours le désœuvrement. Les abus se multiplièrent, et prirent une malheureuse solidité, qui tint contre tous les efforts qu'on fit pour les extirper. Le plus criant de ces abus, fut de pouvoir monter, l'or à la main, aux plus hautes dignités: ce vice de vénalité a frappé presque tous les emplois, et trop souvent la brigue a tenu lieu de mérite.

Ximenès, successeur de Pinto, pour éluder en partie les ordonnances du Roi de France, permit aux Chevaliers et aux Malthois d'armer en course en leur propre nom, même dans les parages du Levant. Il substituoit son pavillon à celui de l'Ordre, pour ne pas paroître contrevenir aux Traités; et il réservoit le dixième des Prises au trésor de la Religion. Les habitants de l'Isle se sont bien trouvés de cette permission, et on vit sortir du port plusieurs Armateurs, qui ne laissèrent pas de s'enrichir. Cependant, une partie des Insulaires se dégoûta du régime de Ximenès, et les révoltés furent assez hardis pour tâcher de s'emparer de

Saint-Elme, et assez heureux pour y réussir. Le pusillanime Grand-Maître assembla son Conseil, pour aviser aux moyens d'étouffer cette sédition; et tandis qu'on délibéroit, une bombe lancée par les rebelles tombe près de la Salle. Les Chevaliers, sans attendre d'ordres, se précipitent dans le Fort, où ils font un horrible massacre des Malthois. Plusieurs Ecclésiastiques séculiers étoient ou moteurs, ou complices de cette insurrection, qu'on appela la *Révolte des Prêtres*; et quelques-uns d'entr'eux languissent encore dans d'obscurs cachots, où ils sont condamnés à passer le reste de leurs jours.

En 1775, fut élu le Grand-Maître actuel, Emmanuël de Rohan-Polduc. Comme son prédécesseur, il permit aux Armateurs Malthois de faire des courses dans le Levant, à la faveur de son pavillon. Son but étoit de nourrir leur courage, et d'en faire des soldats aguerris: l'appas du gain n'en fit que d'impitoyables Corsaires. La justice demandoit qu'on n'attaquât que les vaisseaux des Infidèles, qui nuisoient aux Chrétiens; le droit de la guerre permettoit peut-être qu'on prît leurs bâtiments marchands: mais l'avidité ne connut plus de bornes;

et le Malthois, inhumain autant que cupide, descendant sur des côtes sans défense, mit aux fers les paisibles habitants : les prisonniers de l'Isle regorgent de victimes, dont on a violé l'asyle.

Les dépenses énormes de Pinto avoient vidé le trésor. La réunion des *Antonins* à l'Ordre de Malthe, opérée en 1777, ne remplit pas le *deficit*. On crut voir un remède à l'épuisement des Finances dans la fondation de la Langue de Bavière, en 1781 ; mais, tout bien calculé, on a payé bien cher dans le temps des avantages éloignés. Cette Langue a été entée sur celle d'Angleterre, et on fit revivre pour elle la dignité de Turcopolier. On y attacha le Grand-Prieuré de Pologne, établi nouvellement, et ces réunions formèrent la Langue *Anglo-Bavaro-Polonoise*.

L'Espagne, Venise et Naples résolurent, en 1784, le bombardement d'Alger, dont rien n'arrêtoit l'insolence. L'escadre de la Religion alla augmenter les forces des confédérés ; mais cet armement n'eut aucun succès, par le peu de concert des Chefs. Depuis ce revers, la Marine de Malthe se trouva trop foible pour former seule quelqu'entreprise de conséquence : aussi, ce théâtre parut-il trop resserré au Bailli de Suffren, Officier habile et heureux, dont le Roi de France sut se servir, pour faire triompher son pavillon dans les mers des Indes. Suffren amena, de ces contrées-là, une colonie à Malthe, pour y introduire la vraie méthode de travailler le coton. La petite tribu réussit d'abord; mais, faute d'encouragement, elle tomba dans un état misérable. Ces Indiens pratiquoient à Malthe leurs actes de Religion en liberté. Quelque chaud qu'il fasse ici, le froid incommodoit ces Asiatiques; ils retournèrent dans leur patrie avec les Ambassadeurs de Typpo-Saïb.... Vers le même temps, l'Impératrice de Russie, qui regardoit cette Isle comme un poste fort avantageux à ses projets contre les Turcs, tenta de s'en emparer par surprise; elle échoua, et répara cette insulte, en paroissant protéger ceux qu'elle n'avoit pu anéantir. Elle envoya au Grand-Maître son portrait, que j'ai vu figurer dans une salle du Palais, au milieu des autres Princes, protecteurs de l'Ordre. Cette Souveraine semble même flatter les Hospitaliers de l'érection d'une Langue Russe.

Il est certain qu'un accroissement de revenus seroit nécessaire, depuis que la Religion a perdu deux cent soixante, dix Bénéfices en France, qui faisoient presque les deux tiers de ses possessions. De plus, la France parut avoir conçu récemment des desseins hostiles sur Malthe. Une escadre sortie de Toulon, il y a quelques années, jeta l'allarme dans cette Isle : on avoit déjà fermé le port avec de grosses chaînes de fer, et la ville avoit été mise en état de siége ; mais la tempête obligea les vaisseaux François à regagner le port. Cependant, comme cette inquiétude pouvoit se renouveler, on construisit un nouveau Fort à l'entrée de Marsa-Musciet : on le nomme le Fort-Tigné.

Ce n'est plus que par des emprunts onéreux que l'Ordre se soutient, entre l'espérance de jours plus heureux et la crainte d'un entier anéantissement. Un vaisseau, deux frégates, trois galères, voilà les tristes restes de cette marine, jadis la terreur des Mahométans. Quand, en vertu des Réglements constitutionels, on sort à la poursuite des Corsaires, l'armement n'est point complet ; le courage des Caravanistes s'indigne d'être contraint de calculer le nombre des ennemis, eux qui autrefois ne s'embarrassoient que de savoir où ils les trouveroient. La certitude de sacrifier son argent en pure perte empêche les Chevaliers de *tenir galère* ; et on voit aujourd'hui un Prêtre Conventuel porter le nom de *Capitaine*, parce qu'il fait les dépenses attachées à ce titre.

Le Grand-Maître puise dans la caisse de ses foibles revenus de quoi fournir aux Membres François de l'Ordre ; c'est donc à lui, à son bon cœur, que je dois, en grande partie, ma subsistance. On ne peut reprocher à cet excellent Père de famille qu'une excessive facilité à accorder toutes les faveurs qu'on lui demande. Cette *Croix d'honneur* que des Souverains ont sollicitée autrefois avec instance, que quelques-uns d'entr'eux ont reçue à genoux, Rohan la prodigue à des Etrangers, qui n'ont aucun titre pour la porter, ou ne la portent que pour la déshonorer. Il est incapable de chagriner quiconque attend de lui quelque grace ; enfin, le bon Grand-Maître veut mourir en paix.

Tu trouverois peut-être ce Précis plus imparfait encore qu'il ne l'est, si je n'ajoutois quelques notions sur notre Gouvernement. La classe des Chevaliers ne doit renfermer que des Gentilshommes ; mais tu sais que souvent il est arrivé à la Noblesse d'altérer la pureté de son sang par des mariages inégaux. De peur que des mésalliances n'avilissent l'Ordre, il fut convenu que le Présenté produiroit ses huit quartiers, et justifieroit que ses Ayeux, depuis cent ans, ont été reconnus pour Gentilshommes de nom et d'armes. Les Italiens ne fournissent que quatre quartiers; mais il faut que ces quatre Maisons aient le titre de nobles depuis deux cents ans. Les Allemands exigent la preuve de seize quartiers. . . . . Un Chevalier peut être reçu à trois titres différents : de *Minorité*, avant l'âge de seize ans ; de *Majorité* après ce terme ; et comme Page du Grand-Maître, à l'âge de douze ans. La somme, donnée par le Présenté, s'appelle le *Passage* : elle diffère selon le titre de réception. A l'égard des Chapelains Conventuels et des Servants d'Armes, ils prouvent qu'ils sont issus de famille honnête, et que depuis cent ans, leurs ancètres n'ont exercé aucun art mécanique, ni même fait le commerce. Il y a des Commanderies affectées à ces deux classes, lesquelles concourent avec la première à l'élection du Grand-Maître ; et c'est du corps des Conventuels, qu'on prend l'Evêque de Malthe et le Prieur de l'Eglise, qui sont les deux premiers Grands-Croix. . . . . Il arrive assez souvent que le Candidat ne peut fournir ses preuves complettement à cause de quelque mésalliance : il doit alors se pourvoir à Rome, pour obtenir une dispense du Souverain Pontife, qui est réellement le Chef suprême de l'Ordre.

Il y a ici huit Palais, qu'on nomme *Auberges*, où peuvent manger les Religieux. Le plus ancien Chevalier de chaque, s'appelle *Pilier :* il est chargé de la majeure partie de l'entretien des *Enfants* de la Langue ; mais cette place onéreuse est amplement récompensée par l'obtention de la première dignité vacante. . . . Les fonds nécessaires aux besoins de l'Ordre se tirent, 1.° des prises faites sur les Infidèles ; 2.° du *Mortuaire*, c'est-à-dire de la succession d'un Commandeur et du revenu de l'année jusqu'au mois de Mai ; 3.° du *Vacant*, ou revenu de la première année d'un Bénéfice ; 4°. des *Responsions* ; 5.° des Propriétés du Trésor dans les deux Isles ; 6.° des Passages ; 7.° de la rançon des Esclaves : (le Bey de Tunis vient d'en racheter quatre cents, pour accomplir un vœu qu'il avoit fait à Mahomet ;) 8.° enfin, de la *Bulle des Croisades.* On appelle ainsi une Bulle de Rome, qui permet aux habitants de Malthe l'usage de certains aliments en Carême, à condition de contribuer, chacun selon sa fortune, à l'armement des Galères. Les revenus du Grand-Maître proviennent de quelques fonds de terre dans les deux Isles, des Amendes, des Accises et Gabelles, et d'un fixe fourni par le trésor.

Le Conseil est composé des Baillis, ou *Grands-Croix* : les uns sont de justice, c'est-à-dire, en conséquence d'une dignité dont ils sont revêtus ; et les autres le sont de grace, par la simple nomination du Grand-Maître. Les Bénéfices se confèrent à plusieurs titres. On les donne de droit aux plus anciens de réception, aux Généraux et Capitaines de Galères, aux Piliers de Langues ; il en est, dont son Eminence dispose à son gré. Le Corps de l'Ordre s'appelle aussi la *Religion*, et la Valette est réputée le *Couvent*. Les Diacots, tant qu'ils ne sont pas Prêtres, vivent en communauté. Le Noviciat est d'une année ; les Vœux ne peuvent être prononcés qu'à seize ans. Pour jouir d'une Commanderie, il faut avoir fait ses caravanes, être Profès, résidant depuis cinq ans, et Prêtre, s'il s'agit d'un Conventuel. Les Prêtres d'*Obédience* n'ont droit à aucun Bénéfice ; c'est une classe subalterne, destinée à desservir différentes Eglises des Hospitaliers.

Ce tableau, rapidement dessiné, d'une

Histoire intéressante, laisse sans doute beaucoup à désirer ; au moins est-il fidèle. J'ai été à portée de m'instruire de ce qui s'est passé, et tu peux compter sur moi, quand je te parle des objets qui existent sous mes yeux. . . .

LETTRE DE M.r ANOT

A M.r LAGOTEAU, A LISBONNE.

De Maltke, 26 *Janvier* 1797.

Monsieur et cher Ami,

On a bien raison de dire que l'amitié unit les hommes les plus séparés par les lieux. Notre cher M.r Limont, en vous donnant mon adresse, m'a procuré le double plaisir de recevoir de vos nouvelles, et de vous en faire passer des miennes. J'ai dévoré votre charmante lettre datée de l'embouchure du Tage. Il ne falloit pas moins que son contenu, pour me familiariser avec le Portugal ; ce pays ne m'avoit jamais été bien connu, et il ne peut que gagner à l'être.

Je pressens, d'après ce que vous m'écrivez, que vous verrez dans peu le

Brésil, ou quelqu'autre contrée lointaine. Je me souviens de vous avoir entendu regretter que votre position ne vous permît pas de voyager dans le nouveau Continent. Vous rappelez-vous la proposition que vous me fites d'aller ensemble visiter les bords de l'Oio? Cette idée, qui me paroissoit romanesque à Rheims, vous êtes homme à la réaliser. J'applaudis d'avance à votre projet, et je lirai avec empressement les descriptions, que votre élégante plume me fournira des régions que votre œil observateur aura parcourues.

« . . . . En Amérique,
» Vous verrez mainte République,
» Maint Royaume, maint Peuple; et vous profiterez
» Des différentes mœurs que vous remarquerez.
» Ulysse en fit autant ».

LA FONTAINE. Liv. X. Fable III.

Oui, vous serez l'Ulysse de notre temps, et on dira de vous :

« . . . Mores hominum multorum vidit et urbes. »

HORAT. Ar. Poët.

Vous me demandez des détails sur l'Isle que j'habite; vous désirez savoir si ce qu'on qu'on vous a raconté de ses usages, de ses mœurs, de ses productions, est conforme à la vérité. J'espère trop de vous dans la suite, pour vous refuser aujourd'hui ce que vous attendez de moi; mais, avant tout, je répondrai à la question que vous me faites, si je me plais à Malthe. Oui, parce que mes vœux sont remplis, par-tout où je jouis d'une existence tranquille : or ici, je n'ai rien à souhaiter sous ce rapport. Les violentes secousses qui ébranlent le monde, respectent encore mon asyle; et je dis avec Boileau :

« Qu'heureux est le mortel qui, du monde ignoré,
» Vit content de soi-même en un coin retiré;
» Que l'amour de ce rien, qu'on nomme renommée
» N'a jamais enivré d'une vaine fumée;
» Qui de sa liberté forme tout son plaisir,
» Et ne rend qu'à lui seul compte de son loisir » !

Epître VI.

Il peut arriver que la sérénité qui brille chez nous, soit troublée un jour par quelqu'orage; mais j'écarte toute idée affligeante, et fidèle au précepte d'Horace :

« Dona præsentis cape lætus horæ »

Liv. III. Od. 8.

je *profite du présent*, sans trop m'inquiéter de l'avenir. Du sommet de mon rocher, je contemple les scènes sanglantes qui se sont passées sur le théâtre de l'Italie et de l'Allemagne. J'ai vu ce nouveau foudre de guerre *, Bonaparte, volant de victoire en victoire, depuis les sources du Pô jusqu'à celles de l'Adige; Milan, Plaisance, Modène, Verone ouvrant leurs portes à ce vainqueur; d'anciennes Principautés se rajeunissant sous une forme Républicaine; la Sardaigne, Naples et Parme se hâtant de conclure des traités de paix avec un Gouvernement, dont la puissance et les succès ne laissent plus que cette ressource à ses ennemis. Mes regards, en franchissant les monts Tyroliens, tomboient sur les Cercles de Souabe, de Franconie et de Bavière, que j'ai quittés naguères, comme si mon amour pour le repos m'avoit fait pressentir qu'on ne l'y trouveroit plus long-temps. Là,

---

* Il falloit tous les talents du *Héros de l'Italie* pour savoir vaincre avec cinquante-six mille hommes les armées nombreuses de l'Empereur, des Rois de Sardaigne et de Naples. *Si nous sommes vaincus*, disoit le jeune Général, *j'aurai trop; vainqueurs, nous n'avons besoin de rien.*

je voyois Clairfayt, quoique chargé de lauriers, abandonnant le commandement au Prince Charles ; celui-ci saisissant avec avidité l'occasion de déployer son courage et ses talents. Je voyois Jourdan obligé d'évacuer sa conquête, et Moreau laissant indécis, si une victoire lui eût fait plus d'honneur que sa retraite.

Au milieu de ce fracas, qui ne m'affectoit que de loin, je coulois des jours paisibles, dont rien ne distrait la monotonie, que certaines Fêtes particulières au pays, et qui, pour un Etranger, n'ont d'intéressant que leur bizarrerie et leur nouveauté. Les divertissements sont du goût de nos bons Malthois. Ils regrettent encore cette *Cocagne*, qui assaisonnoit jadis leur bruyant Carnaval. On a supprimé cette Orgie, où la récompense et la gloire étoient le prix du voleur le plus intrépide et le plus adroit. Caresser ainsi le vice en certains jours, n'est-ce pas permettre au peuple d'y courir sans scrupule le reste de l'année ? On a laissé subsister l'*Arbre de Mai*. C'est un mât de vaisseau, dressé sur la Place du Palais. A son extrémité, pendent des animaux vivants de toute espèce, qu'il s'agit d'aller décrocher ; et une centaine de matelots tâchent de grimper, en dépit de leurs rivaux, sur cet arbre huilé jusqu'à une certaine hauteur. Le piquant du jeu, est de les voir se culbuter l'un sur l'autre. Le vainqueur, outre la proie qu'il a trouvée au sommet du mât, reçoit uue gratification du Grand-Maître.

Le jour de l'Ascension est consacré à un délassement d'un genre nouveau. Grand nombre de barques, ornées de banderoles de toutes couleurs, se croisent, en tous sens, dans le Port: elles ont la plupart de la musique, je ne dis pas de la plus harmonieuse; mais elle suffit pour faire trouver délicieux le repas frugal qu'on prend sur l'eau.

La veille de la Saint-Jean présente un spectacle, dont on ne peut rendre d'autre raison, sinon qu'on le fait cette année, parce qu'on l'a fait l'année dernière. Il y a sur la Place trois tonneaux pleins de paille. Je ne savois, si je devois rire, ou garder le sérieux, en voyant le Grand-Maître, accompagné du Conseil et d'une partie des Membres de l'Ordre, faisant gravement trois fois le tour des tonneaux. Son Eminence mit le feu au premier; l'Evêque au second, et le Prieur au troisième. L'origine de cette procession est perdue, mais le temps l'a consacrée. Le lendemain, la Fête du Patron de l'Ordre commence par une Messe solemnelle, suivie d'une Procession nombreuse et brillante, pendant laquelle le canon se fait entendre de tous les Forts qui entourent la ville. Les deux Cavaliers, élevés à l'extrémité de la Valette, tirent à boulet. Ce boulet vole, en sifflant, au-dessus des têtes, et va tomber dans la mer. L'après-dîné, un peuple immense s'est rassemblé; tout Malthe est là, pour voir la course des hommes à pied, celle des ânes et des chevaux. La carrière à parcourir, est une rue escarpée et glissante. Je n'ai rien trouvé de merveilleux dans cet amusement; mais il faut que j'aie un mauvais goût, puisqu'il se trouve si peu d'accord avec celui d'un si grand nombre. Diriez-vous que c'est une clause du mariage des Malthoises de la campagne, que leur mari sera tenu de les mener à la Valette, pour la Fête de Saint-Jean, celle de la Victoire; et au Bosquet, le jour de Saint-Pierre?

On donne le nom de *Bosquet* à un vallon médiocrement agréable; mais qui le paroît beaucoup dans un pays où l'on ne marche guères que sur la pierre. Au moins là, trouve-t-on un peu de gazon, des Orangers et des Oliviers. Cet endroit n'est qu'à un quart de lieue de la Cité-Vieille. La solemnité des Saints Pierre et Paul, Patrons de la Cathédrale, attire dans cette ville les habitants de la campagne, chargés de leurs plus beaux habits. Après que ces bonnes gens ont satisfait à leur piété, ils descendent dans le vallon: chaque famille s'agrouppe sous un arbre, et dîne à l'ombre. Le meilleur assaisonnement de ce festin, est de ne revenir qu'une fois l'année à pareil lieu.

Les Turcs s'étant rembarqués le 8 Septembre, après le siége de 1565, l'Ordre célèbre, tous les ans, le même jour, la glorieuse mémoire de la délivrance de l'Isle. L'affluence est prodigieuse dans l'Eglise de Saint-Jean. Un des Pages du Grand-Maître tient levés, près de lui, le poignard et l'épée donnés par le Roi d'Espagne à la Valette. Un chevalier, au milieu de l'Office, s'avance dans le sanctuaire, et y bat trois fois le drapeau: cérémonie qui fixe les regards avides de la multitude.

Deux choses sur-tout font distinguer ici le degré d'une Fête religieuse; le nombre des Cierges, et celui des Musiciens. Il se fait aux grandes solemnités une énorme consommation de cire. L'usage est général en Italie ; et il y avoit bien cent cierges sur l'autel de la Cathédrale de Messine, quand j'y ai vu officier l'Archevêque ; c'est ici la même profusion. Quant à la musique, elle peut être bonne, mais elle est au moins aussi longue et bruyante. Je soupçonne bien des Italiens de ne fréquenter l'Eglise, que comme ils vont au concert : la curiosité et le plaisir les y rassemblent beaucoup plus que la piété. Il m'est arrivé de voir avec édification l'Eglise de Saint-Jean tellement remplie au commencement de la Messe, que j'avois peine à percer la foule qui m'y avoit précédé, et qui écoutoit avec l'attention la mieux soutenue, pendant une heure entière, la musique du *Gloria in excelsis.* Je me reprochois de désirer la fin de cette *longue* mélodie, tandis que tant de presonnes paroissoient y goûter toujours le même plaisir. Mais, sitôt que la symphonie eut cessé, tous ces curieux, qui n'étoient dévôts qu'à la musique, désertèrent le Temple, indifférents sur le reste de l'Office. Il n'avoit plus rien d'attrayant, dès-lors que l'oreille n'étoit plus réjouie. Ceci ne regarde pourtant que ceux qui se croient au-dessus du peuple : cette dernière classe a du goût pour les choses saintes ; seulement, ses sens veulent être vivement frappés dans les actes religieux. Aussi, rien de si admirable pour un Malthois, qu'une Procession de *Pénitents*, ou *Gonfalons* : ce sont des *Confrères*, qui, certains jours de Fête, se revêtent d'une espèce d'aube de toile grossière. Ils ont la tête enveloppée d'un Capuchon percé vis-à-vis les yeux, afin de pouvoir se conduire ; et ils portent, en outre, une sorte de Mozette de la couleur adoptée par la confrèrie, dont ils sont membres. Si ces Gonfalons ont été en bon nombre ; si les cloches, dont le son dur fait frissonner, ont bien étourdi par leur vacarme dissonant, le peuple a trouvé la Procession belle à ravir, et il a dit * : *Fù bella la Funzione !* Pour moi, je n'y fus étonné que d'une chose ; ç'a été d'y voir tant de spectateurs.

Un objet de nature différente fixe encore l'attention des curieux ; c'est la sortie des Galères. Tel Malthois les a vu mettre à la voile plus de cinquante fois dans sa vie, qui ne manque pas de se

---

* La cérémonie a été superbe !

rendre au môle le jour dit. Je me pardonne d'être aussi exact que tout autre, parce que le spectacle est nouveau pour moi. Comme elles savent fendre l'eau en cadence! Chaque rame est mise en mouvement par dix hommes, Turcs ou forçats. C'est un travail pénible. Ces malheureux se lèvent tous à chaque coup de rame; et lorsqu'ils la tirent en arrière, on les voit presque retomber sur le dos. Ils sont enchaînés, et après avoir été maltraités le jour par l'*Argusin*, ils reposent *mollement* la nuit sur un banc de bois.

Les Esclaves Turcs ont ici une Mosquée, hors de la ville. Quelques-uns d'entr'eux se sont faits Chrétiens, et l'Ordre adoucit leur sort. Ces Néophites, en recevant le baptême, sacrifient pour le Ciel le seul bien qui leur restoit au monde, l'espérance d'être rachetés. Car les Princes de Barbarie, qui, de temps en temps, envoyent la rançon de plusieurs esclaves, excluent toujours de la liste ceux qui ont abjuré Mahomet. Depuis la décadence de l'Ordre, le nombre des esclaves, soit Maltbois, soit Siciliens, l'emporte sur celui des Mahométans. Récemment encore, une Dame de la Valette s'étant embarquée sur une espétonnare, pour aller vendre quelques bijoux à Naples, fut prise, et emmenée en Afrique. Voilà le danger que l'on court sur ces barques sans défense. Ce n'est pas le seul auquel on y soit exposé. A peine se croit-on en sûreté au mileu de six ou sept matelots, qui, loin de tout témoin, peuvent disposer de vous, au gré de leur cupidité. Cette idée m'avoit quelquefois agité dans ma traversée ; et j'ai reconnu qu'elle n'étoit pas purement l'effet d'une terreur panique, quand, le lendemain de mon arrivée, je vis conduire à l'échafaud six mariniers, condamnés à perdre la vie, pour l'avoir ôtée à un jeune Comédien, qu'ils transportoient en Sicile.

D'après cet exemple, si je n'avois suspendu mon jugement, j'en aurois porté un très-défavorable aux Malthois ; on effaça chez moi cette impression sinistre par le bien qu'on me dit des Insulaires, qui réellement sont bons, laborieux, patients, d'un caractère doux et facile. Les habitants de la Campagne sont très-attachés au Souverain. Les mariniers ont l'usage de se faire peindre sur l'avant-bras la figure de quelque Saint : cette opération se fait au moyen de la poudre, et ne laisse pas de causer une douleur assez vive ; mais on conserve cette Image toute sa vie.

Quand on considère que la moitié de l'Isle est encore couverte d'une épaisse croûte de rocher, et que sa population, avec celle du Goze, petite Isle voisine, monte à plus de cent mille ames, on ne conçoit qu'à peine, comment tant de personnes trouvent leurs moyens de subsistance. Il faut observer que le Malthois est d'une sobriété rare; une misérable sardine est pour lui un régal, et ses habits ne l'obligent pas à une dépense conséquente : je parle du Paysan. Toujours pieds nuds, même en hiver; la tête ornée d'un gros bonnet de laine, même en été; un simple caleçon de toile, une veste aussi légère : voilà son accoutrement. Ceux qui sont à l'aise mettent du luxe dans ce costume : on voit des Pantalons de velours, ou de soie; d'énormes boutons d'argent, attachés à la veste, en forme de Bréloques; quatre ou cinq pendants à une oreille, rien à l'autre. Le fond de leur bonnet, qui se rabat en arrière, leur tient lieu de bourse. Le chapeau n'est connu que dans la ville, où l'habillement des hommes est plus élégant. Les femmes ne paroissent en public, qu'habillées de noir, et la tête enveloppée dans une *Faldette* de la même couleur : ceci leur est commun à toutes. Les plus riches se chargent volontiers d'or ; grandes boucles d'or aux souliers ; montre d'or, avec une longue et massive chaîne de même métal, qui pend sur une robe noire ; dans cette attirail, la moins séduisante se croit une beauté.

Ce pays est le plus riche en habitants, de toute l'Europe ; car, d'après le calcul suivant, qui résulte d'une observation exacte, sur un espace égal, il existe :

En Islande,	1	homme,
en Norvège,	3	
en Suède,	14	
en Turquie,	36	
en Pologne,	52	
en Espagne,	63	
en Irlande,	99	
en Suisse,	114	
en Allemagne,	127	
en Angleterre,	152	
en France,	153	
en Italie,	172	
à Naples,	192	
à Venise,	196	
en Hollande,	224	
à Malthe,	1,103	

Toutefois, cette Isle si peuplée, est

une

une roche, presque continue. A cinq cents pas autour de la Valette, il n'y a point de terre, ou elle est trop profondément enfoncée. Plus loin, on trouve des champs défrichés; mais quel travail n'a pas coûté ce défrichement! L'infatigable Malthois enlève avec des instruments de fer la première croûte de ce roc dur et pelé, la broie, la délaie avec de l'eau, et fait valoir la pierre ainsi convertie en une terre féconde. Pour former des jardins, les habitants aisés font venir du terreau de la Sicile. Voilà comment ces industrieux réparateurs d'un sol ingrat sont devenus, par un art nouveau, les créateurs de leur terrain.

« Ainsi, cette Isle altière, ouvrage d'une autre Isle,
» Ce rocher héroïque, en hauts faits si fertile,
» Qui voit fumer de loin le sommet de l'Etna;
» Malthe, emprunta son sol aux compagnes d'Enna:
» Ainsi, loin d'elle encor, la Sicile est féconde.
» La terre de Cérès, en voyageant sur l'Onde,
» Vint couvrir ces rochers; et leur maigre terrain,
» Qui suffisoit à peine à l'humble romarain,
» Vit naître, à force d'art, sur sa côte brûlante,
» Le melon savoureux, la figue succulente,
» Et ces raisins ambrés, qui parfument les airs,
» Et l'arbre aux pommes d'or, aux rameaux toujours verts.
» Les lauriers seuls sembloient y croître sans culture,

» Thétis avec plaisir réfléchit leur verdure,
» Et ce roc, par l'été dévoré si long-temps,
» Eut enfin son automne, et connut le printemps ».

DELILLE.

Le villageois donne ses soins de préférence à la culture du coton. Ce n'est pas que l'Isle ne fournisse une certaine quantité de bled, mais cette production n'est pas d'un aussi bon rapport que le coton. Ce dernier se sème en Mai, et je l'ai vu recolter en Octobre. La plante s'élève à près de deux pieds; et elle est recouverte de noix, ou gousses, remplies de coton, qu'on détache avant le lever du soleil, la chaleur du jour les faisant jaunir sur le champ. On prétend que le coton de cette plante est supérieur en qualité à celui du *Cotonnier-Arbre*.

On croit ailleurs que la campagne de Malthe est une vaste orangerie. Rien n'est si peu vrai; elle ne présente que des murailles, et chaque champ est un enclos. L'œil n'apperçoit que pierres sur pierres, qu'on a entassées, d'abord pour en débarrasser le terrain, ensuite pour défendre les arbres fruitiers et les autres plantes, contre certains vents qui, dans ce pays, leur seroient funestes.

Mais quand on entre dans un jardin, c'est un coup-d'œil charmant d'y voir les arbres surchargés de ces *pommes d'or*, dont le coloris ravissant semble inviter la main à les cueillir. Les oranges ont ici deux qualités précieuses ; le bon goût et le bon marché. Elles mûrissent vers la fin de Décembre, et ces rameaux, qu'on dépouille alors de leurs fruits, sont déjà couverts de fleurs odoriférantes, l'espérance de la recolte prochaine.

« Près du fruit coloré la fleur s'épanouit ;
» L'arbre donne et promet, l'homme espère et jouit ».

Ibid....

Pour remédier à la sécheresse de l'été brûlant, dans presque tous les jardins mille ruisseaux artificiels, formés par les eaux de pluie ramassées précieusement en hiver dans de profondes citernes, vont, en serpentant, arroser chaque plante altérée, et répandre par-tout une merveilleuse fécondité. Deux fontaines, ou ruisseaux, par le moyen d'un aqueduc, qui distribue également leurs eaux réunies, servent, en tout temps, aux besoins de la campagne et de la ville.

« Et sans que l'eau du ciel lui dispense ses dons,
» L'homme au cours des ruisseaux asservit les saisons.

» Lieux charmants, où les cieux sont féconds sans nuage,
» Et qui ne doivent point leur richesse à l'orage!
» Tant l'art a de pouvoir! Tant l'homme audacieux
» Sait vaincre la nature, et corriger les cieux »!

Ibid. . . .

La plupart des comestibles nous sont apportés par les Siciliens. Ce sont eux encore, qui nous fournissent ces fameuses pâtes, si diversifiées, dont les Italiens font leurs délices, et que les Napolitains se glorifient d'avoir portées à la perfection. J'ai voulu savoir quelle méthode on employoit pour les fabriquer; car on en fait aussi à la Valette, quoique moins estimées. Voici le procédé. On choisit une sorte de bled dur, qu'on tire de Sicile, ou du Levant. Dans la moûture, on distingue cinq qualités différentes; la diversité du tamis donne d'ailleurs à la farine plus ou moins de finesse. Pour pétrir les pâtes fines, on se sert d'une espèce de timon de dix pieds de long, dont une extrémité tient à une charnière dans une muraille. Il y a une partie tranchante, sous laquelle on place la pâte, tandis que deux ou trois hommes la font mouvoir, en sautant, avec force, sur l'autre extrémité de la brie. La matière, non fermentée, se met sous la presse, dite le *Torcio*. Elle a une grosse vis verticale, qui tourne à l'aide d'un grand levier. Sous la vis, est un cylindre de bois creux, rempli de pâte. Au fond du cylindre, est une forme de cuivre, nommée *Trafila*, d'environ dix pouces de diamètre, percée d'une multitude de trous, qui décident de la grosseur et de la figure de la pâte. On en compte de plus de trente espèces. *Fedelini*, *Vermicelli*, *Stellette*, *Occhi di pernici*.... ce sont-là les plus fines. Les *Maccaroni*, les *Lazaguette*, les *Pater-Noster* sont des plus grossières. Ce régal est tellement du goût des Napolitains, que le peuple ne croiroit pas pouvoir vivre, s'il en étoit privé. *Policinello*, devenu Roi, voyant qu'on ne lui servoit pas de *Maccaroni*, sans doute parce que ce mets eût été trop commun, disoit en son patois : *Mo, mo me sprincipo*.... Je renonce à la Royauté.

Outre les deux villes, la Valette et la Cité-Vieille, on compte dans l'Isle de Malthe vingt-cinq villages, ou *Casaux*, dont plusieurs ont l'air d'assez fortes bourgades. Le Grand-Maître a trois Maisons de campagne; le Bosquet, Saint-Antoine et le Coradin.

Le Bosquet est un château que Verdala fit bâtir sur une hauteur près du Vallon dont j'ai parlé. Des appartements simples, des meubles antiques et usés; de méchantes peintures, qui représentent les différentes circonstances de la vie du Fondateur: voilà à quoi se réduit cette modeste habitation. En revanche, la vue y est magnifique. Les yeux embrassent toute l'Isle, une partie de celle du Goze, s'étendent au loin sur la mer de Sicile; et, si le temps est clair et serein, ils vont se reposer sur le sommet du redoutable Mont-Gibel.

« O riant *Bosquet*....! O Vallon fortuné!
» *Oui*, j'ai vu ton coteau de pampres couronné,
» Que la figue chérit, que l'olive idolâtre,
» Etendre en verts gradins son riche amphitéâtre;
» Et la terre, par l'homme apportée à grand frais,
» D'un sol enfant de l'art étaler les bienfaits.
» Lieu charmant! trop heureux, qui, dans ta belle plaine,
» Où l'hiver indulgent attiédit son haleine,
» Au sein d'un doux abri, peut sous ton ciel vermeil,
» Avec tes orangers partager ton soleil,
» Respirer leurs parfums, et, comme leur verdure,
» Même au *temps* des frimats, défier la froidure »!

DELILLE.

A Saint-Antoine, on a tellement violenté la nature, que les arbres semblent s'élever du sein du rocher. Cependant, on est parvenu à leur donner un air de jardin : on voit des jets-d'eau, des allées ; mais ce sont des allées de roc, dans un terrain brûlant. . . . . . Le Coradin est une Maison insignifiante, construite récemment sur un rocher qui domine le port.

Son Eminence prend les titres de Souverain de Malthe, du Goze, du Cumin, de Seigneur de Tripoli, et de Gardien du Saint-Sépulcre. Il est vrai que toutes ces dénominations ne sont pas également réelles. Le Saint-Sépulcre a d'autres Gardiens aujourd'hui que le Chef des Hospitaliers ; Tripoli fait la guerre à son prétendu Seigneur, et le Cumin est un petit désert.

Le Goze est une partie appréciable des domaines du Grand-Maître ; car cette Isle est beaucoup plus fertile que celle où nous habitons. Bien des Critiques ont soutenu, et maintiennent encore, que c'est l'Isle de Calypso, dont il est fait mention dans l'Odyssée. En effet, sa situation répond à celle du fortuné séjour où régnoit la Déesse ; mais il ne faudroit point parcourir le Goze un Homère à la main : on n'y retrouveroit rien d'analogue à cette riche description que fait le Poëte

Grec, de la demeure de Calypso. « La
» grotte (dit-il au cinquième livre),
» étoit ombragée d'une forêt d'aunes,
» de peupliers et de cyprès, où mille
» oiseaux de mer avoient leur retraite,
» et elle étoit environnée d'une vigne
» chargée de raisins. Quatre fontaines
» rouloient leurs flots d'argent de quatre
» différents côtés, et formoient quatre
» grands canaux autour de prairies émail-
» lées de toutes sortes de fleurs. Les
» Immortels même n'auroient pu voir un
» si beau lieu sans l'admirer . . . »

Il faut oublier Homère et Fénélon, qui, en nous racontant les longs voyages d'Ulysse et de Télémaque, ont usé, en faveur de cette Isle, du privilége qu'ils avoient de tout embellir, ou plutôt de tout feindre. Le Goze n'a qu'un misérable bourg, et quatre villages. A quelque distance, est un rocher escarpé, sur lequel on se transporte dans une caisse mobile, qui glisse le long de deux cordes. Il est nécessaire de s'armer d'intrépidité, pour hasarder un passage qui vous tient suspendu à une hauteur effrayante, au-dessus de la mer. Cet héroïsme a pour but d'aller voir le *Fungus Melitensis*, espèce de champignon, dont on vante les effets salutaires contre les hémoragies : il est si rare, qu'on l'envoie d'ici à plusieurs Souverains, comme un présent précieux.

On trouve à Malthe des Auteurs dans presque toutes les Langues de l'Europe, à la Bibliothèque de l'Ordre, qui est publique. La plupart des livres qui la composent, sont ceux que les Hospitaliers laissent en mourant. En outre, le Grand-Maître actuel avoit obtenu de Louis XVI que cette Bibliothèque recevroit un exemplaire de chaque ouvrage qui sortiroit de l'Imprimerie Royale : ce privilège, s'il eût duré plus long-temps, n'auroit pas peu contribué à la rendre considérable.

L'Italien est ici la langue de commerce, qui unit toutes les Nations ; cependant, loin d'être celle du pays, elle n'est pas même connue des villageois. Ceux-ci parlent un Arabe corrompu, mêlé de Phénicien : en voulez-vous un échantillon ? Voici le *Pater* et l'*Ave*, en Malthois ; et, si vous suivez la version Latine, vous aurez la traduction mot-à-mot.

Missierna, li inti f'smeut, t'kaddes ismeck, tigi saltnateck, icun li tridt int kif f'sema, eck da f'lard ; hobzna ta colliun hatina illum , un hafrilna dnubietna , kif ahna nahafru lil min hat ghalina , un leddaisna f'tigrif, izda ahlina mit deni. Eck icun !

ISLIEM ghalich , Maria , bill grazia menlia , is Signur mighach , imbierka inti fost innisa collha un imbiereck l'fruct tal giuft tighach Gesù. O kaddissa Maria, om Alla , itlop ghalini midinbin issa un f'siegħt meutna. Eck icun !

Toute barbare que soit cette langue, encore ai-je désiré pouvoir l'entendre ; je serois parvenu plus aisément à me la rendre familière, si j'avois la ressource des livres; mais, excepté le Catéchisme, il n'existe dans l'Isle aucun ouvrage en Malthois.

Je ne vous parlerois pas du jeu de la *Mourre*, fort en vogue ici et dans toute l'Italie, si on ne lui donnoit une origine aussi ancienne qu'illustre. Il s'agit de montrer un, ou plusieurs de ses doigts à son adversaire, qui en fait autant de son côté. Ils accusent tous deux en même temps , et celui-là gagne , qui a deviné le nombre des doigts présentés. J'en ai ri comme d'un amusement puérile ; mais les Erudits m'ont assuré que la fameuse

Hélène avoit inventé ce jeu, l'avoit joué contre Pâris, et avoit gagné; que les dames Lacédémoniennes l'aimoient passionnément; qu'il étoit connu des Latins, qui l'appeloit *Micare digitis*. Ces citations sont trop savantes pour ne pas fermer la bouche à la critique.

Je finis par répondre à ce que vous me demandez du climat, et de l'impression que j'en ressens. Je m'y suis habitué, mais non sans peine. Les chaleurs de l'été sont accablantes. La fraîcheur des nuits, qui pourtant sont plus longues ici que dans le reste de l'Europe, ne suffit pas pour tempérer la brûlante Atmosphère. Néanmoins, cette ardeur étouffante n'est pas si à charge que le vent de Sciroc, ou Sud-Est, dont le souffle abat les plus robustes. L'air n'a plus de ressort; le corps, l'esprit même, plus d'énergie, la vivacité Françoise succombe sous le poids de cet ennemi aërien, qui éteint toute passion; le Poëte le plus chaud perd sa verve: aussi, quand il paroît en Italie un méchant livre, dont la lecture fait bailler, on ne le censure jamais plus cruellement qu'en disant: *Fù scritto nel tempo di Scirocco*. Vous en direz peut-être autant de la lettre que vous venez de lire : elle vous paroîtra *écrite au temps du Sciroc.* Je vous permets d'en porter le jugement que vous voudrez, pourvu que vous me croyiez pour la vie votre...

LETTRE DE MALFILLATRE

A SON PÈRE, A RHEIMS.

De Malthe, 7 *Août* 1797.

Mon cher Père,

ON ne sent jamais plus vivement le prix de la paix, que lorsqu'on a été sur le point de la perdre.

« Non conosce la pace e non l'estima
» Chi provato non ha la guerra prima ».

L'ARIOSTE. Chant. 31. St. 2.

C'est le cas où nous nous trouvons ici. Nous avons failli périr, il y a quelque temps; et aujourd'hui, nous sommes au milieu des fêtes; la joie a succédé à la consternation. Cependant, toutes nos craintes ne sont pas dissipées... Ce sont-là autant d'énigmes pour vous; je le sens bien : en voici les solutions.

Un

Un Malthois d'une naissance obscure, appelé Vasallo, qui s'étoit fait connoître avantageusement dans la littérature, mais sans y avoir fait fortune, voulut essayer si la qualité de Chef de parti lui procureroit plus de ressources que celle d'écrivain. Ce factieux avoit des complices parmi les Gardiens de l'arsenal, des prisons et des galères. Les Conjurés avoient résolu d'immoler les Chevaliers, et le pillage des plus riches maisons de la Valette devoit être la récompense des assassins. L'œil de la Police découvrit les menées de ces furieux. Leur Chef fut arrêté avec ses principaux partisans, et leurs aveux mirent au jour la grandeur du péril dont on avoit été menacé. Toutefois, on ne versa point de sang, on se contenta d'enfermer Vasallo dans le château Saint-Ange, et d'exiler plusieurs coupables. Ceci s'est passé au mois de Mai.

Cette conspiration contribua peut-être à abréger les jours du Grand-Maître, qui avoit déjà essuyé peu auparavant une autre espèce de chagrin. Il eût désiré s'assurer de l'amitié des François ; et d'après l'avis du Conseil, il avoit nommé un Ambassadeur près du Directoire : mais il eut la mortification d'apprendre que cet Envoyé n'avoit pas été reconnu. A la fin de Juin, ce pacifique vieillard fut accablé, et le reste de ses jours ne fut plus qu'une cruelle agonie.

Tandis qu'il luttoit contre son mal, on avoit désigné celui qui devoit le remplacer. Le Bailly d'Hompesch manifesta qu'il prétendoit au Magistère : il avoit passé par toutes les charges de l'Ordre, et son affabilité lui avoit gagné tous les cœurs. L'ayant emporté sur ses compétiteurs, il avoit déjà sa Cour, avant d'être Souverain, et recevoit l'hommage des Malthois, qui n'étoient pas encore ses sujets. Rohan même apprit sur son lit de douleurs, qu'il avoit un successeur, et applaudit au choix, quoique prématuré, qu'on avoit fait. Ce Prince mourut le 14 Juillet, et un coup de canon annonça à toute l'Isle la perte qu'elle venoit de faire. Les Malthois se souviendront longtemps des bienfaits dont ce bon père a comblé ses enfants, pendant un règne de de vingt-deux ans. Le lendemain, le corps du défunt fut exposé dans la grande Salle, sur un Catafalque, ayant à sa droite une armure complette, posée sur une table couverte d'un tapis noir. Tous les Corps ecclésiastiques, séculiers et réguliers, vinrent, l'un après l'autre, réciter l'*Office des Morts* près du cadavre.

Le 16, il fut enterré en grande pompe avec les cérémonies ordinaires, et le Maître-Ecuyer brisa le bâton et l'épée, au moment où l'on descendoit le cercueil dans le caveau.

Le 17, les trois Classes de l'Ordre se rassemblèrent dans l'Eglise de Saint-Jean, où l'on célébra une Messe du Saint-Esprit. Rappelez-vous que le choix étoit fait, et qu'on ne vouloit plus que garder les formes. Chaque Langue se concentra dans sa chapelle, excepté celle dont le Lieutenant du Magistère avoit été tiré, qui prit sa place dans la nef. Cette Langue nomma trois Electeurs; et ces vingt-quatre membres, formant le Conclave, choisirent un Président d'Election. Les mêmes procédèrent à la nomination d'un *Triumvirat*, composé d'un Chevalier, d'un Conventuel et d'un Servant d'armes. Ce Triumvirat s'associa un quatrième Electeur; ces quatre s'associèrent un cinquième: ainsi de suite jusqu'à seize; deux par Langue. Ce furent ces seize, qui élurent le Grand-Maître à la pluralité des voix. Le choix fait, le Triumvirat se plaça sur la Tribune intérieure, au-dessus de la grande porte de l'Eglise, et le Chevalier d'Election, ayant à ses côtés le Conventuel et le Servant d'armes, proclama le nouvel Elu. Pareille proclamation se fit sur la Tribune extérieure, au peuple qui remplissoit le Parvis de Saint-Jean. Comme la Séance est longue, on dîna dans les corridors de l'Eglise, où des tables étoient dressées pour chaque Langue. J'ai mangé à celle de la Langue de France; car vous sentez que je n'ai pas manqué d'assister à une cérémonie trop peu fréquente pour ne pas être curieuse. Vers les quatre heures après midi, le nouveau Grand-Maître d'*Hompesch* fut porté au Palais dans une litière soutenue par quelques Chevaliers; le soir, toute la ville fut illuminée, et il se donna un superbe concert dans la Place. On avoit suspendu devant l'orchestre le portrait de son Eminence, avec ces vers au dessous.

« Un unanime choix l'élève au rang suprême :
» L'Ordre va refleurir sous ses augustes loix ;
» L'Aigle régnant ici pour la première fois,
» De sa grandeur future est le plus juste emblême ».

L'Aigle dont il est ici parlé, signifie que le Chef de l'Ordre est Allemand. Sa famille est de Juliers, et il est le premier Grand-Maître que cette nation ait donné aux Hospitaliers. Depuis son Exaltation, il n'est point de moyen qu'on n'ait imaginé, pour exprimer l'attachement qu'on lui porte ; et je ne crois pas que les Souverains les plus aimés de leurs peuples, aient été comblés de plus d'éloges et d'applaudissements. On voit souvent ses larmes se mêler à celles que sa présence fait répandre au bon peuple Malthois. Les fêtes n'ont pas discontinué jusqu'à ce moment ; et chaque Langue a voulu se distinguer par des messes solemnelles d'actions de grâces, et des illuminations vraiment magnifiques.

Les amis de la vertu voient avec plaisir le Chef d'un Ordre Religieux consacrer ses premiers soins à rétablir la discipline dans le Couvent, y ramener la décence, en écarter les scandales et déraciner les abus. Il y avoit eu jadis quelqu'ombre de mésintelligence entre lui et l'Evêque ; il s'est empressé de se rapprocher de ce digne Prélat, et on ne retrouva dans le *Grand-Maître* aucune trace des ressentiments du *Bailli*.

Plusieurs Officiers de marine, Danois, ont été témoins de la nomination du Grand-Maître. Ils se trouvent ici depuis un certain temps. Il y avoit vingt deux ans que le grand Pavillon de cette Couronne n'avoit flotté dans nos parages. Leur Escadre est peu considérable ; le but de leur expédition étoit de mettre à la raison le Bey de Tripoli, qui exigeoit du Danemarck une augmentation de tribut; et quelques bombes jetées dans ce repaire de Pirates, ont terminé le différend. L'insolence des Barbaresques s'accroît tous les jours avec leurs forces ; le Roi de Naples vient d'en faire une épreuve humiliante. Ce Prince ne sachant où loger les malfaiteurs qu'il avoit mis aux fers, en envoya cinq cents à Malthe, en priant le Grand-Maître d'en charger ses galères. Les deux *Chebecs* qui les transportèrent, étoient montés par des Officiers et des soldats qui m'ont paru de fort bonne mine ; on en faisoit l'éloge ici. Cependant, trois jours après leur départ, la nouvelle nous vint (et elle se trouva vraie) que les deux Chebecs avoient été attaqués dans leur retour par des Corsaires Turcs ; que l'un d'eux, ayant trouvé moyen de se dégager, abandonna l'autre à son malheureux sort. En effet, il fut pris, et l'équipage mené esclave en Afrique. Cette aventure ne donne pas une merveilleuse idée des troupes du Roi des Deux-Siciles. Ce Souverain doit s'applaudir d'avoir calmé l'orage l'année dernière, et Pie VI, de l'avoir imité cette année. Comment ces deux Puissances auroient-elles évité de grands malheurs, si elles s'étoient vues aux prises avec celui qui a conquis Mantoue, franchi le Tyrol, et semé l'alarme jusqu'aux portes de Vienne? Enfin, le Continent va voir renaître le calme si long-temps souhaité; et les préliminaires signés, le 18 Avril à *Leoben*, promettent une pacification générale. Il me semble que les nations, qui ont essuyé les horreurs de la guerre, doivent en être bien dégoûtées: c'est un motif de rester dans mon Isle fortunée. . . . .

LETTRE DU PRECEDENT

A Mr. TOCHEL, A COLOGNE.

De Malthe, 30 *Mars* 1798.

Mon cher Ami,

SEROIT-CE notre tour à être agités, et le ciel nous envieroit-il le repos dont nous jouissons? Je ne sais trop que penser de notre situation actuelle; mais on ne peut se dissimuler que l'Isle de Malthe n'entre pour quelque chose dans les vues du Gouvernement François. Aussi-tôt son installation, son Eminence la notifia à diverses Cours de l'Europe, et entr'autres au Directoire. Une première et une seconde dépêche demeurèrent sans réponse. Cette impression sinistre fut encore augmentée par ce qu'on assure avoir écrit un grand Monarque à d'Hompesch : *On a jeté les yeux sur votre Isle.* Pour surcroît de gêne, les fonds s'épuisent de plus en plus ; et on en est aux expédients pour subvenir aux besoins des trois Langues Françoises. On crut trouver quelqu'allégement dans le départ d'un bon nombre de Chevaliers de notre pays, qui, ennuyés du séjour de Malthe, et comptant sur la modération qui régnoit en France, hasardèrent de s'y remontrer. Mais à peine y étoient-ils débarqués, que la révolution du 18 *Fructidor* les rejeta en mer, et ils revinrent profiter du seul asyle qui leur reste.

On parvint encore à s'étourdir sur ce contre-temps ; on fut un peu distrait par la satisfaction de voir la marine de l'Ordre renforcée d'un vaisseau de soixante-quatorze. On croyoit presque renaître de ses cendres, à l'aspect du *Saint-Jean* ; ainsi s'appelle le navire lancé à l'eau. C'a été pour moi un spectacle nouveau et réjouissant, et j'ai été partager ce plaisir, pour ainsi dire, avec toute l'Isle: car vous eussiez dit un peuple entier, dont les yeux étoient fixés sur cette surperbe machine, au moment qu'elle alloit majestueusement prendre possession des mers. Dans le même temps, les Armateurs Malthois furent encouragés, et des médailles d'or distribuées à ceux qui s'étoient distingués. Le Grand-Maître parut presqu'oublier qu'il pût y avoir des obstacles à la tranquillité; et crut qu'il lui étoit permis de jouir du charme séduisant d'être Souverain. Il rappela l'ancien usage de dîner en public avec le Conseil, le jour de Noël; mais cette pompe cachoit la maladie de l'ordre sous un embonpoint éphémère et emprunté.

La Paix de Campo-Formio, du 17 Octobre, ne pouvoit nous regarder. On craint davantage du Congrès de Rastadt, qui a pour but de modifier certains Etats de l'Europe. Peut-être le Grand-Maître compte-t-il sur les bonnes dispositions de l'Empereur de Russie: ce Prince a demandé la Grand-Croix, et s'est déclaré le Protecteur de l'Ordre; le Bailli de Litta est à Pétersbourg en qualité d'Ambassadeur extraordinaire de Saint-Jean, et le Chevalier O'hara est reconnu ici pour

Ministre de cette Cour. De plus, Paul I vient de fonder cent quatre Commanderies, dont douze sont destinées à des Russes, ou Polonois Catholiques ; les autres, à des Chevaliers Grecs non-unis. Ceux-ci, à raison de la diversité de croyance, ne pourront posséder aucune charge dans l'Ordre ; mais, comme Agrégés, ils tiendront galère, enverront les Responsions convenables, et la huitième Langue prendra le nom d'*Anglo-Bavaro-Polo-Russe*. L'Empereur promet de fournir des sommes considérables pour l'entretien des fortifications, de l'hôpital et de la marine.

Voilà sans doute de quoi nourrir des espérances ; mais comme ces ressources sont encore éloignées, et que le danger pourroit l'être beaucoup moins, les jeunes Chevaliers sont exercés certains jours de la semaine, et toute la campagne dressée au maniement des armes. Tout prend un air guerrier ; c'est dommage que les forces soient si peu imposantes. Elles sont composées d'une compagnie de grenadiers qui forme la garde du Grand-Maître ; des soldats des vaisseaux et des galères ; des soldats de la garnison ; des chasseurs, c'est-à-dire, d'un certain nombre de gens de la campagne qu'on rassemble au besoin. Leur habillement consiste en une casaque verte ; et leur chaussure, en une sorte de sandales. Excepté les troupes de la marine, ces militaires n'ont jamais vu le feu ; et avec de si foibles moyens, il est naturel qu'on soit sur ses gardes *. Aussi a-t-on toujours l'œil au guet ; et tout ce qui vient de France fait ombrage, excite l'attention, et produit le soupçon. L'alarme fut sérieuse ici, quand, le 3 Mars dernier, on vit paroître dix-huit vaisseaux de guerre : c'étoit la marine Vénitienne, qu'une Escadre Françoise conduisoit de Corfou en France. On ne doute pas que l'Amiral Brueys n'ait eu ordre de son Gouvernement de faire une tentative sur Malthe, et de surprendre ce pays, à la faveur de quelque mouvement que pourroit favoriser sa présence. En un instant, l'Isle fut sous les armes, et chaque poste garni de troupes ; les batteries n'attendoient que le signal, pour foudroyer l'ennemi, s'il tentoit ou de descendre, ou de forcer le port. L'Amiral, indigné qu'on l'eût soupçonné, ou deviné, reprocha à l'Ordre de lui avoir supposé des inten-

* Les troupes réglées n'excédoient pas cinq mille hommes.

tions hostiles; et comme s'il eût voulu se laver complettement, il fit entrer dans le port un des vaisseaux, qui salua la ville, selon l'usage des Puissances amies, ou neutres. Cependant, durant huit jours, l'Escadre ne cessa de cotoyer l'Isle : enfin, elle reprit la route de Toulon, laissant Malthe dans une inquiétude, que les protestations de Brueys n'ont pas calmée.

Depuis son départ, on se croit à la veille d'un siége; on remplit les magasins de Bled. Les provisions nous sont apportées par les Grecs : c'est un service qu'ils rendent; mais ils n'en sont pas moins suspects, et nous disons d'eux :

« Quidquid id est, timeo Danaos et dona ferentes ».

Æn. II.

On a généralement mauvaise idée de cette nation. Ces Levantins viennent encore de la justifier par une aventure qui ne leur fait pas-honneur.

« La fede Greca a chi non è palese ?
« Tu da un sol tradimento ogn' altro impara ».

Gerus. liber. Cant. II. St. 72.

Voici ce dont il s'agit. Un de leurs bâtiments conduisoit de Palerme à Naples le

Prince

Prince de Paterno, d'une famille illustre, et jadis Souveraine en Sicile. L'équipage, au lieu de le transporter à sa destination, par la plus affreuse trahison, alla le livrer aux Tunisiens, qui le firent esclave. Envain ses amis intéressèrent-ils le Grand-Seigneur en sa faveur; envain celui-ci ordonna-t-il au Bey de Tunis de rendre la liberté au Prince, le Barbaresque n'en fut que plus intraitable. Son ton étoit effrayant, comme celui d'un despote, et il ne se laissa fléchir que par une rançon considérable. Après avoir bien plumé l'oiseau, il le lâcha. Le Prince aborda à Malthe, où il séjourna quelque temps.... Je reviens aux Grecs. Ils forment ici une Colonie assez nombreuse, qui ne s'allie point aux autres habitants. C'est un corps séparé, sous la protection du Gouvernement, dont ils n'ont qu'à se louer et auquel pourtant on les soupçonne d'être peu attachés. Ils ont une Eglise et un *Papas* de leur rit.

DU MEME AU MEME.

De Malthe, 3 *Juin* — 98.

LE danger approche ; nos alarmes augmentent. Nous touchons au dénouement, et nous ne savons quel il sera pour nous. Un armement terrible va sortir des ports de Toulon et de Gènes. Selon les uns, on en veut à Alger ; selon d'autres, à la Sicile. Le plus grand nombre assure que l'expédition secrette a pour objet direct Constantinople, ou l'Egypte ; et que Malthe entre, comme incident, dans les vastes plans qu'on prête aux François. Le Grand-Maître a reçu plusieurs avis alarmants ; sa réponse est toujours : *Je sais tout, j'ai tout prévu.* Peut-être se trompe-t-il. Il est possible encore que ce Prince se soit laissé éblouir par les marques d'attachement que lui ont donné ses sujets. Quand il a vu les paysans détacher les chevaux de sa voiture, et s'y atteler eux-mêmes, pour conduire au milieu de leurs chaumières le *Sultan* chéri (car c'est le nom qu'on lui donne dans la campagne) d'Hompesch s'est cru au-dessus de tout événement. Les honneurs qui lui furent prodigués, il y a quelques jours, ont pu fortifier cette illusion. Il traversa le port pour assister à une fête, et y recevoir les hommages des habitants de Bormola. Son Eminence étoit dans une gondole magnifique, richement ornée, et entourée d'une centaine de barques. Les Forts voisins, la marine de Malthe, les bâtiments étrangers saluèrent, par de nombreuses décharges, le passage et le retour du Souverain. J'étois un des suivants; je me croyois presqu'en un combat naval, en me voyant enveloppé de feu et de fumée. Qui sait si ce n'est pas là le dernier encens que respirera le Grand-Maître? Il est aimé, et mérite de l'être. Toutes ses heures sont consacrées au bien de son Isle; et dans des temps plus faciles, il eût été heureux, en faisant des heureux. Mais à beaucoup de vertus pacifiques, je doute qu'il ajoute des qualités guerrières. Il suppose que le danger n'existe point, et ne calcule pas les moyens de le parer, si jamais il est vrai qu'il existe. Auroit-il donc oublié

« . . . . Que la méfiance
» Est la mère de la sûreté »?

LA FONTAINE. Liv. III Fab. 18.

Le vaisseau de la Religion, le *Saint-Zacharie*, vient de se signaler ces derniers jours. Un corsaire Barbaresque, de vingt-deux canons, et de cent cinquante hommes d'équipage, osa l'attaquer. Les Africains, trompés par l'idée que ce navire étoit Napolitain, pensèrent en avoir bon marché, à la faveur de la nuit; mais ils furent obligés de se rendre, après avoir perdu le Capitaine et soixante des leurs. Aucun Chevalier, ni soldat caravaniste, ne périt; vous voyez que la vertu n'est pas morte dans les Hospitaliers. Peut-être aura-t-elle bientôt une ample matière, une occasion illustre de se produire dans tout son jour?

Quant à moi, destiné par mon état à un ministère de paix, j'attends avec tranquillité les événements; car à quoi me serviroit de les approfondir, d'en gémir, ou de les craindre?

« Où je vois naître la journée,
» Là, content j'en attends la fin.
» Prêt à partir le lendemain,
» Si l'ordre de la destinée
» Vient m'ouvrir un nouveau chemin ».

GRESSET.

LETTRE DE M. ANOT

A M.r LIMONT A SALTZBOURG.

De Malthe, 22 Juin 1798.

Nous voici pris, conquis, ou livrés ; n'importe lequel ; mais en tout cas au pouvoir des François : du reste sains et saufs. J'ai pensé mille fois à vous, parce que j'étois sûr que vous penseriez à moi au premier bruit qui vous sera venu de l'événement dont j'ai été le spectateur. Il est inoui, il est original, il est presqu'incroyable. Vous m'en demandez sans doute les circonstances.

« O mon Dieu, la fâcheuse chose
» Que votre Majesté m'impose ;
» C'est justement m'égratigner
» Un endroit qu'on fera saigner !
» Vous voulez donc que je vous die
» La pitoyable tragédie » ?

VIRG. travesti. Liv. II.

Croyez-en un témoin oculaire, et de plus, impartial. Je ne suis, ni de l'armée qui vient de se jouer de l'Ordre de Malthe, ni de l'Ordre de Malthe, que ce jeu fatal déshonore.

« Infandum. . . . jubes renovare dolorem,
» Trojanas ut opes et lamentabile regnum
» Eruerint Danai, quæque ipse miserrima vidi. . . .
» Sed si tantus amor casus cognoscere nostros,
» Incipiam ».

ÆN. II.

Le 6 Juin, on signala au Goze la première division de la Flotte Françoise; et le lendemain, jour de la Fête-Dieu, elle étoit devant la Valette. Cette apparition ne surprit personne : on savoit presque surement que l'armement de Toulon regardoit le Levant. Le vaisseau et une frégate de la Religion, ayant à bord les meilleurs soldats, étoient alors sur les côtes de Barbarie, à la poursuite des Algériens. Les Chevaliers s'y trouvoient même aux prises avec sept bâtiments Turcs, quand le Commandant reçut l'ordre de venir au secours de Malthe. Il passa au milieu des François le huit au soir, et rentra dans le port, sans la moindre opposition. Ce même jour, étoit arrivée la seconde division, et Brueys parut le lendemain avec la dernière. Jamais, je n'avois vu spectacle semblable. C'étoit une forêt flottante. La mer avoit disparu sous quatre cents bâtiments de transport, et plus de quarante vaisseaux de guerre, au milieu desquels s'avançoit majestueusement *l'Orient*, à trois ponts, et de cent dix canons, monté par l'Amiral Brueys et Bonaparte. Ce Général fit demander au Grand-Maître l'entrée du port pour la Flotte, et de la ville pour l'armée. Il étoit sûr d'être refusé, et il le fut en effet.

Le Grand-Maître se proposoit de visiter les bastions, afin de s'assurer, par ses yeux, si tous les moyens de défense étoient préparés; mais on sut si bien écarter de son esprit toute espèce de soupçon, qu'il se dispensa d'une démarche, qu'une crédulité imprudente pouvoit seule ne pas regarder comme un devoir.

Le matin du 10 Juin, je montai sur la terrasse de la maison où j'habitois, et je vis des Caïques, remplis de soldats François, s'avancer vers la côte. L'attaque fut dirigée contre la petite tour de St.-Georges. Le poste, chargé de la défendre, ne s'y trouva pas, au moins entièrement; et après quelques coups de canon, qui ne firent pas grand mal, le Pavillon tricolor flotta sur la Tour. Celle de Saint-Julien, celles même de Saint-Paul, quoique plus fortes, ne firent pas une résistance plus vigoureuse. En vain cherche-t-on à tenir la campagne, le désordre se met parmi les Malthois. Ils fuyent; à peine savent-ils pourquoi; ils manquent de munitions, et ne trouvent personne à qui en demander. Ceux qui sont aux batteries s'étonnent que le boulet n'aille qu'à demi-portée; ici, l'affut croule sous le canon, à la première décharge; là, le boulet n'est pas de calibre. J'ai été témoin d'une partie de cette confusion. D'où venoit-elle? D'autres *Amaral* se sont retrouvés dans l'Ordre. *Prima mali labes*. La seconde *source du mal* est voisine de la *première*. On n'avoit pas tardé à s'appercevoir qu'une combinaison maligue avoit produit ce désordre : delà, les malveillants firent semblant de conclure que tous les Chevaliers François étoient d'intelligence avec leurs compatriotes, pour leur livrer la Place. Cette imputation fausse, mais que le mauvais succès de la défense sembloit justifier, fut accueillie des Malthois, qui, se croyant menés à la boucherie par ceux qu'ils avoient à leur tête, refusèrent le service. Plusieurs Chevaliers furent reconduits à la ville par des soldats trompés et furieux; le peuple demandoit leur mort à grands cris. Trois d'entr'eux furent massacrés de sang-froid ; d'autres ont été précipités du haut des bastions. La fureur des troupes fut telle que plusieurs de leurs Officiers, pour sauver leur vie, se jetèrent entre les bras des François, qui les ont reçus et relâchés depuis. Une partie de la milice se débanda ; il n'en resta que quelques compagnies, qui, rentrées le soir dans la ville, y apportèrent l'épouvante. Les gens du métier ont blâmé le Grand-Maître d'avoir tenté d'empêcher la descente, n'ayant qu'une poignée de soldats à opposer à quarante mille hommes. Il auroit dû concentrer ses troupes dans la Valette et les Forts, qu'il n'eût pas été aisé à l'ennemi d'emporter, faute de temps, n'en ayant pas beaucoup à perdre.

D'après ce que je viens de vous raconter, la révolte et le découragement sont dans l'armée Malthoise ; et vous concluez d'avance que la Valette, qui n'est point encore entamée, est pourtant déjà aux trois-quarts conquise.

La descente s'étoit effectuée sur tous les points possibles. Le canon des Forts faisoit un bruit de tonnerre, et ne blessoit personne. Dans le temps que je considérois ce siége, d'un genre tout nouveau, un autre objet vint me distraire. Vers les trois heures après-midi, j'entendis une fusillade très-vive, et qui dura assez long-temps : elle me paroissoit avoir lieu à quelques pas de moi, et je crus presque que la ville étoit prise. Elle ne l'étoit pas, mais peu s'en falloit. Les Grecs, qui se trouvoient dans le port, tirèrent de leurs bâtiments des armes qu'ils y tenoient cachées, et firent feu sur les postes voisins. Le combat s'engagea, et finit par le massacre d'une grande partie de ces scélérats. Sur le soir, quinze mille François serroient la Valette; déjà ils élevoient une batterie, près de Saint-Julien; et leurs vaisseaux, s'approchant des murailles, faisoient craindre un bombardement général. Vous n'imagineriez jamais l'horrible confusion qui régnoit dans la ville. Une suite continuelle d'ordres et de contre-ordres, donnés l'un sur l'autre, sortoit du Palais, où le Grand-Maître avoit cru devoir se tenir renfermé, pour diriger delà, comme d'un centre, toutes les opérations. Mais la meilleure tête eût pu à peine les diriger alors ; le mal étoit trop avancé, et n'étoit presque plus susceptible de remèdes. On s'apperçoit, à l'entrée de la nuit, que des canons manquent à l'endroit le plus foible des fortifications de la Floriane : aussitôt des récompenses sont promises à quiconque voudra aider à y porter des bouches à feu. Etoit-ce bien-là le moment d'y songer ? L'esprit de vertige sembloit dominer par-tout, et l'obscurité vint encore augmenter ce cahos. On eût pensé qu'il se donnoit une grande bataille, à en juger par le bruit effroyable de l'artillerie des Forts, qui tiroit au hasard ; mais les François rioient de ce vain épouvantail. Il paroît qu'ils eussent volontiers fait une entreprise sur le fort Tigné, et on a dit que les soldats avoient eux-mêmes demandé l'assaut. Il leur étoit inutile d'en courir les risques. L'intérieur de la ville travailloit pour eux d'une manière aussi efficace et moins sanglante. Quant à moi, je me livrois à mes réflexions, entr'autres à celle-ci : N'est-il pas plaisant d'avoir traversé les terres et les mers, d'être venu d'Amsterdam à Malthe, pour m'éloigner du fracas des armes, de m'être enfin comme relégué au milieu des eaux, et de finir cependant par me trouver dans une place assiégée ?

« C'est ainsi que le plus souvent
» Quand on pense sortir d'une mauvaise affaire,

» On s'enfonce encor plus avant ».

LA FONTAINE. Liv. V. Fable VI.

Je voulois ensevelir toutes ces idées dans le sommeil; mais le son du canon, et la lumière de l'explosion qui éclairoit, à chaque instant, ma chambre, ne me permettoient pas de goûter aucun repos. Tout-à-coup, vers les deux heures, le bruit des batteries cessa. Tandis que j'en cherchois la cause, Morphée, profitant du moment, s'empara de mes sens fatigués, et je m'endormis.

Dès le point du jour, je montai sur la terrasse. Un calme profond régnoit sur terre et sur mer. Je sortis, et la première personne que je rencontrai, m'instruisit de l'événement de la nuit. Les Bourgeois s'étoient assemblés tumultuairement. Une députation, composée de Gentilshommes et de Gens de loix, se rendit vers minuit au Palais, et représenta au Souverain que l'ennemi, irrité d'une plus longue résistance, alloit écraser la ville sous ses ruines; que la supériorité des forces de Bonaparte ne laissoit aucun espoir de les balancer; qu'alloient devenir leurs femmes et leurs enfants? Que deviendroient-ils eux-mêmes, eux qui ne croyoient pas devoir se sacrifier

crifier pour le bien d'un Ordre qui leur étoit étranger ? Ils auroient volontiers concouru, ajoutoient-ils, à repousser les Infidèles ; mais ils n'étoient pas disposés à faire la guerre à des Chrétiens : qu'au reste, son Altesse pouvoit se retirer dans le Château Saint-Ange avec ses Chevaliers, si elle persistoit à vouloir se défendre, pourvu qu'on épargnât à la Valette les horreurs d'un bombardement. En vain d'Hompesch essaya-t-il de rappeller les députés à l'obéissance ; ils passèrent des prières aux menaces, et à des menaces si effrayantes, pour un caractère trop aisé à ébranler, que le Grand-Maître consentit à entrer en accomodement avec les François. On arbora le pavillon parlementaire sur les murs de Malthe ; on pria le Vice-Consul de Hollande de passer sur l'Orient ; Ransijat s'y rendit de même, après avoir promis d'employer tout son crédit en faveur de l'Ordre. Le Général traça sur le champ les articles de la capitulation, et l'envoya à son Eminence. Le même jour, 11 de Juin, dans l'après dîné, je vis entrer Junot, Aide-de-Camp de Bonaparte, accompagné entr'autres de Dolomieu, qui se trouvoit sur cette Flotte en qualité de Savant. Ils montèrent au Palais, où l'on stipula les articles suivants, qui ne furent publiés que le lendemain.

CONVENTION arrêtée entre la République Françoise, représentée par le Général en chef, Bonaparte, d'une part :

ET *l'Ordre des Chevaliers de Saint-Jean de Jérusalem, représenté par MM. le Bailli Torino Frisari, le Commandeur Bosredon Ransijat, le Baron Maria Testaferrata, le Docteur Nicolas Musoat, l'Avocat Benedetto Schembri et le Conseiller Bonanno, de l'autre part;*

ET sous la médiation de Sa Majesté Catholique, le Roi d'Espagne, représentée par M. le Chevalier Philippe Amat, son Chargé d'affaires à Malthe.

ARTICLE PREMIER.

Les Chevaliers de l'Ordre de Saint-Jean de Jérusalem remettront à l'armée

Françoise la Ville et les Forts de Malthe. Ils renoncent, en faveur de la République Françoise, aux droits de Souveraineté et de propriété qu'ils ont, tant sur cette ville que sur les Isles de Malthe, du Goze et du Cumin.

II. La République Françoise emploiera son influence au Congrès de Rastadt, pour faire avoir au Grand-Maître, sa vie durant, une Principauté équivalente à celle qu'il perd; et, en attendant, elle s'engage à lui faire une pension annuelle de trois cent mille francs : il lui sera donné en outre la valeur de deux années de cette pension, à titre d'indemnité pour son mobilier. Il conservera, pendant qu'il restera à Malthe, les honneurs militaires dont il jouissoit.

III. Les Chevaliers de l'Ordre de Saint-Jean de Jérusalem, qui sont François, actuellement à Malthe, et dont l'état sera arrêté par le Général en Chef, pourront retourner dans leur patrie, et leur résidence à Malthe leur sera comptée comme une résidence en France.

IV. La République Françoise fera une pension de sept cents livres aux Chevaliers François actuellement à Malthe, leur vie durant. Cette pension sera de mille livres, pour les Chevaliers sexagénaires, et au-dessus.

V. La République Françoise emploiera ses bons offices auprès des Républiques Cisalpine, Ligurienne, Romaine et Helvétique, pour qu'elles accordent la même pension aux Chevaliers de ces différentes Nations.

VI. La République Françoise emploiera ses bons offices auprès des autres Puissances de l'Europe, pour qu'elles conservent aux Chevaliers de leur Nation l'exercice de leurs droits sur les biens de l'Ordre de Malthe, situés dans leurs Etats.

VII. Les Chevaliers conserveront les propriétés qu'ils possèdent dans les Isles de Malthe et du Goze, à titre de propriétés particulières.

VIII. Les habitants des Isles de Malthe et du Goze continueront à jouir, comme par le passé, du libre exercice de la Religion Catholique, Apostolique et Romaine. Ils conserveront les propriétés et priviléges qu'ils possèdent. Il ne sera mis aucune contribution extraordinaire.

IX. Tous les actes civils passés sous

le Gouvernement de l'Ordre, seront valables, et auront leur exécution.

Fait double à bord du vaisseau l'Orient, devant Malthe, le 24 Prairial, an sixième de la République Françoise. [le 12 Juin V. S.]

[L. S.] BONAPARTE.

Le Commandeur BOSREDON RANSIJAT;
Il Barone MARIA TESTAFERRATA;
Il Dottor G. N. MUSCAT;
Il Dottor BENED. SCHEMBRI;
Il Consig. F. T. BONANNO;
Il Bali di TORINO FRISARI, *salvo il dritto di alto Dominio, che appartiene al mio Sovrano, come Rè delle due Sicilie.*

El Caballero FELIPE DE AMAT.

[L. S.]

Junot sortit de la ville par la porte qui donne sur la campagne, afin d'avertir l'armée de ne plus projeter d'hostilités. A la vue de cette longue suite d'ouvrages immenses et menaçants, qu'aucune force humaine ne paroissoit pouvoir franchir, il dit: *Je ne devrois pas être ici.* L'entrée de Bonaparte fut si modeste, qu'à peine fut-elle apperçue, et il prit son logement chez un Baron du pays. A la proposition d'aller au Palais, il répondit qu'il comptoit bien voir le Grand-Maître. Ces expressions portoient, il est vrai, un double sens; mais la situation respective d'Hompesch et de son vainqueur suffisoit pour lever l'équivoque. Encore le Grand-Maître prit-il le change. Bonaparte, pour le détromper, fit publier un ordre général à tout étranger de partir dans trois jours. D'Hompesch se rappella alors qu'il étoit prisonnier, et sentit que le Conquérant de Malthe étoit mécontent. Il convoqua les Membres de son Ordre pour la dernière fois, se mit à leur tête; et à travers deux haies de soldats François, dans l'appareil le plus lugubre et le plus humiliant, il alla trouver le Général en Chef, avec lequel il eut un entretien d'un quart-d'heure. Bonaparte chercha à adoucir l'amertume dont il voyoit son Eminence pénétrée, et sembla vouloir la consoler, en lui faisant entendre que la reddition de Malthe n'occuperoit pas long-temps l'Europe, et qu'on ne tarderoit pas à apprendre des conquêtes plus importantes. Le retour au Palais présenta un spectacle aussi triste. Là, se fit la séparation douloureuse des Membres de ce Corps illustre et infortuné;

là, se répandirent des larmes que la résignation seule peut essuyer : instant fatal, où l'ancienne gloire des Hospitaliers n'étoit plus pour eux qu'une source de souvenirs amers.

« Venit summa dies et ineluctabile tempus
» Dardaniæ ; fuimus Troes, fuit Ilium et ingens
» Gloria ».

Æn. II. v. 324.

Bonaparte avoit, à la vérité, prolongé de quelques jours le terme du départ ; mais n'avoit rien statué, ni sur les moyens de s'embarquer, ni sur la direction qu'on devoit, ou pouvoit prendre. Bon nombre de Chevaliers François étoient sans ressources pécuniaires, et, de plus, frappés du sceau de l'Emigration. Dans cette mer d'inquiétudes où l'on nageoit, quarante-cinq d'entr'eux crurent qu'il n'y avoit point d'autre planche après le naufrage, que de prendre service dans l'armée Françoise. Ils regardèrent la Révolution comme un torrent, et ils aimèrent mieux en suivre le cours, quelque part qu'il les entraînât, que d'essayer de lutter contre sa violence. Un Prêtre Conventuel, poussé par la peur, embrassa le même parti ; et certes, il ne s'en seroit pas douté lui-même huit jours auparavant. On pria le Général en Chef de prononcer d'une manière plus précise sur cette foule d'Etrangers qu'on rejetoit de l'Isle. Il déclara que des passe-ports seroient délivrés aux individus de chaque nation, pour aborder librement dans leur pays, excepté les François, par rapport auxquels il fut décidé que ceux qui avoient passé les *sept* dernières années à Malthe, débarqueroient à Antibes; que les autres prendroient la direction de Gènes, ou de Livourne; que chaque Membre de l'Ordre recevroit dix louis d'or pour les frais du voyage; et qu'il leur seroit permis d'emporter leurs effets; qu'aucun bâtiment ne sortiroit du port, que la dernière Frégate Françoise ne l'eût quitté.

Les deux premières nuits, qui suivirent la prise de Malthe, furent bruyantes; le soldat, ivre de joie et de vin, faisoit retentir l'air de ses cris. Mais le calme succéda à cette tempête. Les troupes couchèrent à bord, et ne reparurent plus qu'en plein jour. Une discipline sévère les contint, et quelques turbulents furent fusillés. Personne n'a été insulté, jusqu'au moment où je vous écris; nous vivons en sureté au milieu de cette armée superbe, fière de la conquête de l'Italie. L'Etat - Major est de toute beauté; les Officiers sont la plupart jeunes, robustes, j'ajouterai très-honnêtes; et nous avons conversé, et mangé avec quelques-uns d'entr'eux. Le but de leur expédition est un secret pour eux-mêmes; mais ils soupçonnent qu'ils verront l'Egypte : ainsi les Chevaliers qui les accompagnent, iront fouler aux pieds cette terre arrosée du sang des premiers Héros de leur Ordre. Parmi les Généraux François que leur mérite distingue, et qui se trouvent ici, j'ai été à portée de voir Berthier, Lasnes, Vaubois qui restera à Malthe en qualité de Commandant, Desaix, Junot, Baraguey-d'Hilliers, Andreossi, Cafarelli, Kleber.

Malfillatre a reçu hier une lettre de ses parents, qui, bien qu'éloignés de soupçonner le sort de cette Isle, préviennent leur fils de se disposer à son retour en France. Bientôt, ils lui enverront les papiers nécessaires. Il leur répond aujourd'hui, et les prie de lui adresser ce dont il a besoin à Livourne, où nous nous proposons de débarquer. Nous sommes munis d'un Passe-port, dont je vais essayer de vous donner une idée.

ARMÉE D'ANGLETERRE.

RÉPUBLIQUE FRANÇOISE.

Liberté. Égalité.

Au-dessous de ces mots, est une vignette ; mais pourrois-je vous expliquer tout ce qu'elle représente ? Contre un arbre, auquel sont attachés des médaillons, figurant les principaux exploits de l'armée d'Italie, est appuyée la République Romaine, dont le Génie de la liberté brise les fers. Ce Génie la soulève, pour la rapprocher de sa Libératrice. Son casque est à ses pieds, ainsi que sa lance et son bouclier, sur lequel est écrit : S. P. Q. R. (*Senatus Populusque Romanus.*) La flamme dévore le Temple devant lequel la République Romaine étoit enchaînée. Des Diables et des Moines s'échappent de l'incendie ; mais le trépied sacré de la Pythonisse est consumé, aussi-bien que la Thiare et les Clefs des Souverains Pontifes. Croyez-vous qu'en trouvant ces derniers emblêmes, le graveur Italien, *Appiani*, n'ait pas été fort content de son imagination ? Sans doute il aura pensé que les malheurs du Pape actuel donnoient à son butin le droit de s'égayer aux dépens d'objets respectés parmi nous. . . . Je continue. A droite, dans l'éloignement, on apperçoit un Hercule, armé de sa massue, un pied sur le Continent, et l'autre sur une Isle, que je crois être l'Angleterre. Enfin, paroissent trois pyramides dans une grande distance : c'est une allusion à l'expédition d'Egypte.

Au bas de cette vignette, on lit :

« Alexandre Berthier, Chef de l'Etat-
» Major de l'Armée, le 28 Prai-
» rial, an 6 de la République ».

Au Quartier-général, à Malthe.

Passe-port pour M. F. Malfillatre.

« Les Autorités civiles, les Officiers,
» commandant soit les forces de terre,
» soit les forces de mer des armées Fran-
» çoises, laisseront librement passer, et
» donneront protection à M. Malfillatre
» de Rheims, Département de la Marne,
» Conventuel de l'Ordre de Saint-Jean
» de Jérusalem, partant de l'Isle de Mal-
» the, pour se rendre à Livourne, avec

» son Précepteur, M.r P. N. Anot, et » leurs effets ».

[L. S.] ALEX. BERTHIER.

Voici, Monsieur, les circonstances de cet événement presqu'incroyable, dont j'ai été le témoin. Voici comment cette Forteresse, la plus redoutable peut-être de toutes celles qui existent, est tombée sans résistance. Point, ou presque point de sang répandu : Bonaparte a mis sa gloire, non à l'emporter par la force de son bras, mais à vaincre par sa présence seule. De même, les partisans de la République vouloient que Malthe fût Françoise, sans qu'on immolât de victimes, et leurs vœux ont été accomplis.... Bonaparte laisse ici quatre à cinq mille hommes de garnison. Les soldats qui étoient au service de l'Ordre, ont été obligés de grossir l'armée victorieuse. L'étendard tricolor flotte sur le Palais : le Grand-Maître l'a quitté ; il est pourtant encore dans le Port, où il attend le départ de l'Escadre Françoise, pour mettre à la voile. On lui a permis d'emporter ses effets et la main de Saint Jean-Baptiste. Il abordera à Trieste : sa situation est vraiement douloureuse ; son

élévation

élévation a fait son malheur. Simple Bailli, il n'eût point été soupçonné d'être trop foible pour supporter le fardeau de la Souveraineté; mais,

« Tel brille au second rang, qui s'éclipse au premier ».

HENRIADE.

Rapprochez la prise de Malthe et celle de Rhodes, vous verrez des rapports et des contrastes frappants. Amaral, qui a facilité la conquête de Rhodes, s'est retrouvé à la Valette. Un complot, formé au sein de la première de ces deux villes, faillit d'en hâter la perte; dans l'autre, un ennemi intérieur tente d'ouvrir les portes à celui du dehors. Les Rhodiens craignent de laver dans leur sang le crime d'une défense trop opiniâtre; les Malthois tremblent de voir ruiner leurs murs, s'ils paroissent vouloir en interdire l'entrée aux assiégeants. Soliman rend l'Aga responsable des excès de ses troupes; Bonaparte met sa conquête sous la sauvegarde de la discipline. Le Héros Musulman permet aux Hospitaliers d'emporter leurs propriétés, et aux habitants de garder le culte de leurs pères; le vainqueur François accorde l'une et l'autre grâce. L'Isle-Adam va courber sa tête blanchie devant Soliman, qui le console par la réflexion que la chûte des Empires est un jeu de la fortune ; d'Hompesch va rendre hommage à Bonaparte, qui adoucit son chagrin, en lui prédisant que bientôt de plus grands événements feront oublier celui dont il est la victime. Je ne pousserai pas plus loin ce parallèle. Le Grand-Maître ne vit pas son vainqueur chez lui ; mais d'Hompesch étoit-il l'Isle-d'Adam ? Avoit-il forcé l'admiration de ses ennemis ? Spectateur oisif d'un simulacre de siége, a-t-il-cherché à ne pas être vaincu ? Quand il le fut, a-t-il montré pour son Ordre cette tendre sollicitude, qui peint si bien le cœur paternel du défenseur de Rhodes ? Non ... Cependant, si jamais on l'accuse de s'être trahi lui-même ou les siens, je réclamerai contre cette imputation : trop vide de moyens pour conserver sa Souveraineté, il y étoit trop attaché pour la vendre. Je dirai plus ; les choses amenées au point où les avoit portées, tant sa foiblesse que celle de son prédécesseur, un Héros eût pu se couvrir de gloire, mais n'auroit pas eu plus de succès ; Malthe devoit tomber.

Je pars dans deux jours avec soixante autres fugitifs.

« . . . . Feror exul in altum
» Cum sociis ».

ÆN. Lib. III.

Félicitez-vous de n'avoir pas, comme moi, à errer sur les mers, pour trouver un asile paisible :

« Vivite felices, quibus est fortuna peracta
» Jàm sua ; nos alia ex aliis in fata vocamur.
» Vobis parta quies ; nullum maris æquor arandum ».

ÆN. III.

« Jouissez de votre bonheur,
» Votre fortune est établie.
» Vous n'avez pas une Italie,
» Comme nous, à chercher par-tout ».

VIRG. travesti. Liv. III.

Voici la septième année, depuis la naissance des orages révolutionnaires en France, que moi et Malfillatre, mon *Fidus Achates*, courons le monde, franchissons les fleuves et les montagnes ; et aujourd'hui encore, nous en sommes à fendre les flots, pour gagner l'Italie, où nous aurons peut-être peine à nous fixer.

« Septima, post Trojæ excidium, jàm vertitur æstas,
» Cùm freta, cùm terras omnes, tot inhospita saxa
» Sideraque emensi ferimur ; dùm per mare magnum
» Italiam sequimur fugientem et volvimur undis ».

ÆN. V.

Je n'aurois pas cru que la dernière lettre que je dusse vous écrire de Malthe, contint le récit de sa déplorable catastrophe ; mais ainsi le vouloit le destin.

« Par cet événement tragique
» Je mettrai fin à ma chronique ;
» Et de peur de vous ennuyer,
» Je supprime un volume entier
» D'aventures longues à dire,
» Et plus longues encore à lire. . . . . .

» Atant, Seigneur, je vous souhaite
» Longue vie et santé parfaite. . . . .
» Tandis que pour sortir de France,
» Prenant mes maux en patience,
» J'attends, entre quatre rideaux,
» Le plus paresseux des vaisseaux ».

ROUSSEAU. Epît. à la Fosse.

Ce *vaisseau paresseux* est Ragusien. Son pavillon est en paix avec tout l'Univers, avantage qui n'est pas à mépriser.-- Qui sait si ce déplacement ne me conduira pas à Saltzbourg? Là, vous me raconterez, les en détail les raisons qui vous ont fait quitter Ratisbonne. Adieu....

DU MEME AU MEME.

Au Lazareth de Livourne, 12 Juillet 1798.

« Gaudent securi narrare pericula nautæ ».

ENFIN, après dix-huit jours de navigation, nous voici à terre, en dépit des bourasques et des Corsaires.

« *J'ai* triomphé des vents pendant plus d'un voyage ;
» Gouffre, banc, ni rocher n'exigea de péage.

LA FONT. Liv. VII. f. 14.

Je ne dissimule pas que j'ai abandonné Malthe à regret, et mes yeux ont fixé la Valette, tant qu'elle ne leur a pas échappé.

« Cette belle ville. . . . .
» Où j'avois vécu dans la joie :
» Qui pis est, en sortir vaincu » !

VIRG. travesti. Liv. III.

Nous côtoyâmes le Goze. J'avois beau m'y figurer Calypso, ses Nymphes et Télémaque, rien ne m'égayoit. . . . . . J'étois tout aussi *inconsolable* que la Déesse, non *du départ d'Ulysse*, mais du mien. Nous étions parti le 22 Juin avec un vent favorable ; car on ne met jamais à la voile que sous de bons auspices. Mais nulle part le Destin n'est si inconstant que sur mer : cet élément ne caresse d'abord que pour donner ensuite plus de noirceur à sa trahison. Laissons parler l'Arioste ; il vous dira comment aux premiers moments d'une navigation agréable ont succédé l'Orage et l'agitation :

« Il legno sciolse, e fe sciogliér la vela
» E si diè al vento perfido in possanza;
» Che da principio la gonfiata tela
» Drizzò a cammino, e diè al nocchier baldanza.
» Il lito fugge, e in tal modo si cela
» Che par che ne sia il mar rimaso senza.
» Ne l'oscurar del giorno fece il vento
» Chiara la sua perfidia, e l' tradimento.

» Mutossi da la poppa ne le sponde,
» Indi a la prora, e qui non rimase anco.
» Rota la nave, ed i nocchier confonde,
» Ch'or di dietro, or dinanzi, or loro è al fianco:
» Surgono altere e minacciose l'onde,
» Mugghiando sopra il mar va il gregge bianco.
» Di tante morti in dubbio e in pena stanno,
» Quante son l'acque, ch'a ferir li vanno ».

ORL. FUR. Cant. 41. st. 8.

Les flots étant soulevés, le mal de mer nous prit. Voilà soixante personnes affaissées, étendues pitoyablement sur leurs lits, présentant le plus dégoûtant spectacle ; on n'entend plus que des cris plaintifs, que des efforts pénibles pour soulager un estomac irrité. En vain conjuroit-on le Capitaine de ne pas s'obstiner à tenir la mer : ce ne fut qu'au bout de vingt-quatre heures d'une lutte inutile qu'il y renonça, et gagna les côtes de Sicile. Nous y restâmes cinq jours, dont le second fut un jour de deuil pour les Chevaliers avec qui je me trouvois. A Malthe, c'eût été pour eux une Fête solemnelle, où l'Ordre étaloit toute sa pompe en l'honneur de son Patron, Saint Jean-Baptiste; mais à la rade de Puzzallo, ils n'étoient plus que des victimes déshonorées par les caprices du sort. Dans cet intervalle, nous entendîmes une canonade qui donna lieu à mille conjectures ; et ce fut ici que nous en apprîmes la cause. Baraguey-d'Hilliers avoit été chargé par Bonaparte de porter à Paris le Grand-Etendard de Malthe, avec le poignard et l'épée de la Valette. Il montoit la *Sensible*, qui fut rencontrée par une frégate Angloise : celle-ci eut l'avantage. Les François, avant de se rendre, jetèrent à la mer ces trophées ainsi que d'autres richesses. Le Général en Chef avoit permis, par une faveur spéciale, à plusieurs Chevaliers de retourner en France sur cette frégate; ayant pris part au combat, l'un d'eux fut emporté par le canon, et un autre blessé.

Après cette ennuyeuse station, l'ancre fut levée. Nous longeâmes assez lentement cette côte de la Sicile, dont Enée faisoit à Didon une description géographique.

« . . . . Là, l'on voit Camérine,
» Des champs de Geloens voisine,
» Et le lieu qu'on nomme Géla,
» Pour un fleuve passant par là.
» Nous vîmes la haute Agrigente,
» Qui de si bons chevaux enfante:
» Séline fertile en palmiers,
» Et les rocs craints des nautonniers
» Du promontoire Lilybée,
» Où mainte nef est absorbée.

VIRG. travesti. Liv. III.

Ces noms sont remplacés par d'autres. Celui d'Agrigente se reconnoît encore dans *Girgenti*, et la vue de cette ville me remit en mémoire Phalaris avec son taureau. . . . Le cap Lilybée me rappela les sanglants combats qui prolongèrent la première guerre Punique. Marsalla est assisse aujourd'hui sur les ruines de cet endroit fameux.... Plus loin, est le port si *funeste* au Héros Troyen, Drépani, où, pour comble de malheur, Enée eut à déplorer la mort de son père Anchise. Voici comme Scarron lui fait raconter cette triste aventure à la Reine de Carthage.

« Et puis Drépane me reçut.
» Port funeste !
» Hélas ! J'y perdis mon père :
» Souvenir qui me désespère.
« Il mourut le pauvre vieillard :
» S'il eût voulu mourir plus tard,
» Il auroit vécu davantage.
» Il mourut, et c'est grand dommage. . . ,
» Il mourut, et c'est tout vous dire ;
» Depuis on ne m'a pas vu rire ».

VIRG. trav. Liv. III.

Après avoir salué les cendres d'Anchise, nous fûmes emmenés par le plus perfide des vents dans cette mer qui sépare la Sardaigne de la Sicile. C'étoit-là que nous attendoit le danger.

« Vix e conspectu Siculæ telluris in altum
» Vela dabant læti et spumas salis ære ruebant. . . .

» . . . . . Venti, velut agmine facto,
» Quà data porta, ruunt ».

Æn. Lib. I. v. 38.

Oui, au moment que nous perdions de vue la Sicile, le soir d'un jour très-serein, très-ravissant, l'air se gorgea de vapeurs épaisses, le ciel s'obscurcit, et les éclairs préludèrent à l'orage.

« Les vagues, que les vents enflèrent,
» Jusqu'au ciel les vaisseaux portèrent;
» Mais ils en furent rapportés
» Plus vite qu'ils n'étoient montés.
» Le choc des vagues forcenées,
» Le fracas des nefs ruinées,
» Les cris et les gémissements,
» Les vents et leurs mugissements,
» La grosse pluie avec la grêle
» Tombantes du ciel pêle-mêle,
» Tout cela faisoit un beau bruit.
» Le jour étoit devenu nuit;
» Les éclairs seuls luisoient sur l'onde;
» Car, pour le beau flambeau du monde,
» Voyant tous les vents déchaînés,
» Mettant son manteau sur son nez,
» Il avoit regagné bien vite,
» De peur d'être mouillé, son gîte ».

Virg. travesti. Liv. I.

Tout-à-coup le vent redoubla de violence; et le bâtiment, cédant à la force de la tempête, s'inclinoit vers la mer d'une manière effrayante.

Si leva. . . . il mar con fiero assalto,
» Con tanti tuoni, e tanto ardor di lampi,
» Che par che'l ciel si spezzi, e tutto avvampi.

» Stendon le nubi un tenebroso velo
» Che ne sole apparir lascia, ne stella.
» Di sotto il mar, di sopra mugge il cielo,
» Il vento d'ogn' intorno, e la procella,
» Che di pioggia oscurissima e di gelo
» I naviganti miseri flagella;
» E la notte più sempre si diffonde
» Sopra l'irate e formidabil' onde ».

ORL. FUR. Cant. 18. st 141.

Peignez-vous au fond du navire, et au milieu d'une profonde obscurité, soixante personnes, prenant toutes sortes d'attitudes, roulant les unes sur les autres, sans se voir, sans se parler, sans savoir quelle seroit la fin d'une si épouvantable nuit.

« Move crudele e spaventoso assalto
» Da tutti i lati il tempestoso verno.
» Veggon tal volta il mar venir tant'alto
» Che par ch'arrivi insin al ciel superno:
» Tal or fan sopra l'onda in sù tal salto
» Ch'a mirar giù par lor veder l'inferno.
» O nulla, o poca speme è che conforte,
» E stà presente inevitabil morte ».

Ibid. Cant. 41. st. 15.

Dans cette horrible position, nous n'entendions que les éclats de tonnerre, et les cris de nos matelots inintelligibles à qui ne sait pas l'Illyrien. Nous gardions tous un silence morne, qui ne fut interrompu que par ces mots : *Nous chavirons !* Ils étoient l'expression de la peur d'un des Passagers ; heureusement, il ne dit pas vrai. Le vent étoit parvenu au comble de sa rage, et c'étoit son dernier effort : il s'appaisa insensiblement, et il nous fut permis de prendre du repos. Ah ! combien de fois, tandis que l'un des flancs du bâtiment étoit tout entier dans l'eau, ne me suis je pas écrié :

« Ames de bronze, humains, celui-là fut sans doute
» Armé de diamants, qui tenta cette route,
» Et le premier osa l'abyme défier » !

La Font. Liv. VII. f. 12.

Le lendemain, nous crûmes n'avoir plus qu'à oublier le danger de la nuit ; mais un accident ne va jamais seul. On apperçut de loin un petit bâtiment qui inquiéta. Un coup de canon qu'il tira, annonça que c'étoit un Corsaire, qui nous appeloit à l'obéissance. Notre pavillon étoit neutre, il est vrai ; mais il est des Brigands, qui n'en respectent aucun.

cun. Il fallut, sans balancer, aller à sa rencontre, au risque de subir toutes les loix qu'il voudroit imposer à un navire sans défense. Chacun de nous prît les sûretés qu'il jugea les plus convenables, pour dérober à la vue ce qu'il avoit de précieux. Pour en imposer au Pirate, les soixante Passagers s'étoient agrouppés sur le pont, portant la cocarde tricolore, et à cette question : *Qui êtes-vous?* Ils répondirent qu'ils alloient de Malthe en France par ordre de Bonaparte. On cherchoit par-là à lui faire croire que nous appartenions à l'armée Françoise. Cette réponse ne l'ayant satisfait que médiocrement, il voulut voir les passe-ports, qui lui furent remis. C'étoit un Tunisien de fort bonne mine, connu heureusement de notre Capitaine. Ce Corsaire déploroit sa destinée ; depuis plusieurs jours, il se morfondoit dans ces parages, sans avoir rencontré aucune proie dont il pût faire son profit. Sa conscience, toute Musulmane qu'elle étoit, ne lui permettoit pas de nous réputer bonne prise ; il nous demanda quelques provisions, et se retira. Vous voyez qu'en mer on va de danger en danger. Aujourd'hui une tempête, demain un calme ; tantôt un Corsaire, tantôt un mauvais vent. Pour moi, je me comparois souvent à celui dont parle notre Fabuliste, qui

« . . . . Pendant son voyage,
» Tourna les yeux vers son village :
« Plus d'une fois, essuyant les dangers
» Des pirates, des vents, du calme, des rochers ».

La Font. Liv. VII. f. 12.

Nous cotoyâmes la Sardaigne dans toute sa longueur. C'est encore là une de ces contrées, qui eurent bien des maîtres. Carthaginois, Romains, Arabes, Pisans, Génois ; enfin les Rois d'Espagne jusqu'en 1708, que les Anglois s'en emparèrent pour l'Archiduc Charles. Le traité de Londres la donna au Duc de Savoie. Cette Isle a été mise au nombre des magasins de Rome; mais dès-lors elle avoit un inconvénient qu'elle conserve encore, c'est d'être mal-saine. On dit qu'elle renfermoit jadis quarante-deux villes ; elle a donc bien perdu de sa grandeur, puisqu'on n'y en compte plus que sept assez chétives aujourd'hui. C'est autour de la Sardaigne qu'on pêche en plus grande abondance ces petits poissons, connus sous le nom de *Sardines*. Nous longeâmes pareillement la Corse, ce théâtre continuel de guerres sanglantes, ce foyer de révolutions, dont la dernière est à peine calmée. Je vous crayonnerois volontiers l'histoire de ce pays, si, avec plus d'intérêt, elle avoit moins d'obscurité ; mais comment suivre cette chaîne de changements qu'il a éprouvés ? Tyr, et sa fille Carthage, l'ont possédé : des Romains, il passa aux Goths, qui y établirent un régime aussi barbare qu'eux. Les Sarrasins en firent un Royaume, dont les Monarques François se trouvèrent maîtres dans la suite, et qu'ils donnèrent aux Papes, qui se le virent enlever par les Génois. Depuis cette époque, je ne vois plus les Corses que les armes à la main ; mais privés de Chefs habiles, ils sont toujours accablés, et peut-être trop sévèrement punis. Une de leurs plus violentes insurrections, fut celle de 1736. Ils crurent avoir trouvé le moyen de rompre leurs chaînes, en donnant le titre de Roi à Théodore de Neuhoff, Baron du Comté de la Marck. Ce Monarque de théâtre ne finit pas même son règne ; fugitif de lieu en lieu, arrêté à Londres pour dettes, il ne dut sa liberté qu'au bénéfice de l'acte d'*insolvabilité*. Gènes ne pouvant subjuguer les rebelles, eut recours à Louis XV, qui les remit sous l'obéissance de leurs anciens maîtres. A peine les François s'étoient-ils retirés, que les troubles se rallumèrent. Paschal Paoli, élu Général de l'Isle, en 1745, chassa les Génois d'une partie du pays, gouverna l'autre avec sagesse, rétablit l'ordre, et seroit probablement parvenu à affranchir sa patrie d'une domination étrangère et détestée, si Gènes, lasse de commander à des sujets mécontents, n'eût abandonné la Corse aux François, qui en achevèrent la conquête en 1769, sous les ordres du Comte de Vaux. Le moment où nous vivons, étoit trop fécond en vicissitudes, pour que la Corse demeurât paisible au milieu de tant de convulsions. Elle a essayé du joug de l'Angleterre pendant quelque temps, et depuis le mois d'Octobre 1796, elle forme de nouveau un des Départements de la vaste République Françoise. En vous parlant de ce pays, je pense à ce qu'en a dit Jean-Jacques Rousseau : *Je ne sais ce que présage cette petite Isle de Corse; mais il me paroit qu'elle doit jouer un jour un grand rôle dans l'Europe.* S'il avoit vu, comme moi, Bonaparte, dont la Corse est la patrie, qui, après avoir fait de grandes choses, en promet de plus grandes encore, Rousseau auroit peut-être deviné plus aisément ce que présageoit cette petite Isle,

Nous nous réjouissions de toucher, pour ainsi dire, au port de Livourne, quand un Corsaire, qui nous avoit observé derrière un rocher, où il se tenoit caché, sortit tout-à-coup de son repaire, et nous appela à l'obéissance. On résolut d'abord de forcer de voiles, dans l'espérance d'entrer dans le port, avant d'être atteint. Cet expédient n'étoit raisonnable qu'autant que le succès en eût été sûr; mais, pour peu qu'il fût douteux, il pouvoit nous devenir funeste, en nous exposant à toute l'indignation de l'ennemi. En effet, on comprit qu'on avoit mal calculé, et on revira de bord, pour aller au Corsaire. Celui-ci s'étoit bien apperçu qu'on avoit tenté de le jouer. Il me semble encore voir ses yeux pétiller de rage, et l'entendre crier d'un ton de furieux * : *Maina, o ti bruggio.* De son bord, il commandoit notre manœuvre, menaçant à chaque instant de faire feu, si on ne se hâtoit de carguer toutes les voiles. Quand il nous eut à sa discrétion, il exigea que notre Capitaine et trois passagers vinssent sur son bord : on le pria de nous en exempter, pour nous épargner le désa-

* Amène, ou je te brûle.

grément de la quarantaine ; il fut inexorable. Il lut tous les passe-ports, épilogua sur leur forme et leur teneur, les rendit enfin ; mais fit passer quatre de ses gens sur notre bâtiment, pour s'assûrer s'il ne renfermoit pas des marchandises Angloises. On le voyoit fouiller jusques dans le sable du fond de cale, et nous tremblions qu'ils n'en tirassent, non des effets prohibés, puisqu'il n'en existoit point, mais les plus précieuses de nos minces propriétés, que nous y avions enterrées. La visite faite, on se sépara ; c'étoit un armateur Corse, avec pavillon François... A peine nous avoit-il quittés, qu'un autre Corsaire, portant même bannière, arrive avec la rapidité de l'éclair, menace de tout tuer, de tout brûler. Quel style que celui d'un Pirate ! Le pis est que le Patron de ce navire ennemi étoit un Malthois, banni jadis pour ses méfaits ; et parmi les Chevaliers de notre bord, il s'en trouvoit deux, dont l'un avoit été accusateur de cet exilé, et l'autre son Juge, ou du moins Président du Tribunal qui l'avoit condamné. Figurez-vous ce qu'ils avoient à attendre de lui, s'ils eussent été reconnus ; et ils couroient risque de l'être, si, par bonheur, le premier Corsaire n'eût crié à celui-ci que nous étions en règle. C'est ainsi qu'un ennemi nous sauva d'un autre beaucoup plus redoutable. Enfin, après tant d'alarmes, nous allâmes respirer dans le Port de Livourne, où il fallut déclarer en conscience que nous avions été touchés par des Corsaires ; et nous fûmes tenus à passer dix jours au Lazareth.

« Durum ; sed levius fit patientiâ
» Quidquid corrigere est nefas ».

HOR. Lib. I. Od. 20.

Au bout du terme prescrit, le médecin viendra nous rendre sa visite, et quand il nous aura déclarés *non pestiférés*, la liberté nous sera rendue. En attendant, nous vivons assez peu commodément, séquestrés du reste du monde, ne sachant ce que nous deviendrons, au sortir d'ici.

« Incerti quò fata ferant, ubi sistere detur ».

ÆN. III. 7.

« En ce fâcheux état, beau Sire
» Je ne laisse de vous écrire,
» Et me crois de tous maux guéri,
» Au moment que je vous écri.
» Car en nul endroit du Royaume
» Il n'est cataplasme, ni baume,
» Qui pût me faire autant de bien
» Que cette espèce d'entretien ».

ROUSSEAU, à LA FOSSE.

LETTRE DE MALFILLATRE

A SON PÈRE, A RHEIMS.

De Livourne, 6 *Octobre* —98.

VOICI la dernière lettre que je vous écris d'ici. * Je vous remercie d'avoir envoyé à Paris les papiers que la Municipalité de Rheims a expédiés pour moi, et qui doivent être signés des Ministres de la Police et des affaires étrangères. Mon oncle me mande que cette formalité sera remplie au plutôt ; et que pour accélérer mon retour, je n'ai qu'à m'avancer jusqu'à Constance, où il me fera passer ce dont j'aurai besoin. Je me propose donc de quitter Livourne dans peu.

J'ai eu plus de temps qu'il n'en falloit, pour connoître cette ville, que l'affluence seule des Etrangers rend intéressante. Quand on veut jouir d'un tableau mou-

---

* On a suprimé une première écrite de Livourne par Malfillatre, où il annonçoit à ses Parents son arrivée dans cette ville.

vant, on se transporte dans le quartier appelé *la Tromba*, et qui tient lieu de Bourse. C'est, en outre, le rendez-vous de plusieurs milliers d'individus, de toute nation et de toute profession. Là, à côté d'un Turc, paré de son turban, revêtu d'une robe de soie, et tenant en main sa pipe Orientale d'une grandeur démesurée, se promène un Religieux, portant sur son froc une cocarde tricolore Cisalpine, Ligurienne ou Romaine; un peu plus loin, un Officier Républicain François se trouve à côté d'un uniforme Anglois, ou Autrichien; un Chanoine, en allant à sa Collégiale, coudoye un Rabbin qui court à sa Synagogue. Tout est confondu. L'intérêt, le désœuvrement, la curiosité réunissent, dans cette Place, les Habitants des quatre parties du monde, de quelque croyance, âge, ou condition qu'ils soient. La Nation étrangère qui domine, je crois, par le nombre, est celle des Grecs, et il est facile de les distinguer à leur costume. Des cheveux hérissés, couverts d'une calotte rouge; une espèce de jupon, qui se rabat et se lie aux genoux; des pantoufles de couleur; un petit poignard à la ceinture; voilà l'habillement que je leur ai vu ici, à Venise et à Malthe. Les Juifs forment aussi une bonne partie de la population. Ils habitent un quartier séparé. Leur Synagogue mérite d'être vue ; la voûte est soutenue par d'élégantes colonnes de marbre : de belles galeries règnent autour de la salle ; et c'est-là que se renferment les Dames Israëlites.

Le combat d'Abukir, ainsi que vous le pensez bien, a fait grand bruit ici, comme sans doute par-tout ailleurs. Cette nouvelle a produit une sensation vive dans tous les esprits, mais différente, selon la diversité des opinions. . . . Il n'est donc plus, ce superbe vaisseau, l'*Orient*, que j'ai tant admiré ! Il me semble encore voir Bonaparte sortir en triomphe de ce bâtiment, qui attiroit tous les yeux et se faisoit aisément reconnoître au milieu des vaisseaux qui l'entouroient. J'ignorois alors la destination de cette puissante Escadre ; mais j'étois éloigné de penser que le mois d'Août dût lui être si fatal. Une autre nouvelle inattendue, et qui paroît s'accréditer, c'est que les Paysans de Malthe se sont révoltés, et bloquent la Valette par terre. Les Anglois ne manqueront pas d'appuyer l'insurrection, et de prendre possession de la campagne. Je ne pense pas sans regret à ce pays-là ; puissé-je aller bientôt me consoler dans vos bras de la perte que j'ai faite ! Je hâterai ma marche, autant que possible.

LETTRE DE M.r ANOT

A M.r SORGEL, A GRATZ.

De Florence, 13 Octobre 1798.

J'ÉTOIS sur le point de quitter Livourne, quand je reçus la lettre qui m'instruisoit de votre voyage à Gratz. J'ai tardé jusqu'ici à vous en accuser la réception, afin de vous donner en même-temps quelques détails sur les objets que je passe en revue. Certes, ils sont tels que l'homme le moins curieux, fût-il de marbre ou de glace, sortiroit de son immobilité, à la vue des merveilles d'Italie ? Je suis bien aise que vous ayez vu, en passant par Saltzbourg, notre bon ami M. Limont. Vous avez lu, me dites-vous, la relation que je lui ai envoyée de la prise de Malthe ; je suis par-là dispensé de me répéter.

Après trois mois de séjour à Livourne, nous prîmes notre route par Pise. Cette ville est sur l'Arno ; Virgile lui donne une origine très-honorable : selon lui, elle a eu pour fondateur une Colonie de Pise en Élide, près du fleuve Alphée, *Alpheœ ab origine Pisœ. Æn. X.* 179. On dit que ces Grecs avoient été conduire Nector à Troie, et que la tempête les ayant jettés en Italie, ils s'y sont fixés. D'autres Auteurs font remonter son commencement au delà du siège de Troie :

« Ante diù quàm Trojugenas fortuna Penates
» Laurentinum Regibus insereret,
» Elide deductas suscepit Etruria Pisas,
» Nominis indicio testificata genus ».

RUTILIUS, Itiner. I.

Quoiqu'il en soit, au moins fut-elle très-puissante autrefois. Mais, après avoir fait la guerre aux Corses, aux Sardes, aux Génois, aux Sarazins, et quelquefois aux Papes, dont ils furent pourtant les Protecteurs en plusieurs occasions, les Pisans essuyèrent en 1284, un échec, et ils ne s'en relevèrent jamais. Ce fut Gènes qui leur porta ce terrible coup. Enfin, cette petite République plia sous la domination des Médicis, en 1509.

Pise est grande, bien bâtie, ses rues sont larges, et bien pavées; mais on croit se promener dans un désert. On y comptoit jadis cent cinquante mille Habitants; on auroit de la peine à y en trouver aujourd'hui vingt mille. L'édifice le plus remarquable est la Cathédrale, qui fut finie en 1092. On y entre par trois superbes portes de bronze, qu'on dit être celles du Temple de Jérusalem. Jean de Bologne les a ornées de bas-reliefs, qui représentent les mystères de la Passion. L'intérieur de l'Eglise est tout de marbre, d'un goût gothique; elle a une Nef et doubles Bas-Côtés, portés sur quatre rangs de belles colonnes, au nombre de soixante-quatorze, de granit ou de marbre fin. Au dehors, s'élève une colonne de marbre blanc, surmontée d'une urne sépulcrale antique de même matière. Des Anglois, aussi riches que curieux, ont offert, dit-on, de remplir cette urne d'écus du pays, si on vouloit la leur céder; mais les Italiens ne se laissent pas ainsi tenter, et conservent soigneusement leurs chef-d'œuvres. Cependant, Lord Hamilton, Ambassadeur d'Angleterre à Naples depuis long-temps, a formé une collection de rares morceaux de peinture, de sculpture, de vases antiques et sur-tout *Etrusques*, qu'il a réunis, en dispersant des milliers de guinées.

Le *Baptistaire* de Pise est une vraie curiosité. C'est une rotonde de marbre, où l'on remarque une chaire soutenue par des colonnes de granit, que portent des lions. La voûte forme un écho si sonore, que si on parle d'un côté de la muraille, on entend à l'autre extrémité tout ce qui a été dit. Vous avez entendu prôner le *Campanile storto* de Pise; c'est la tour de la Cathédrale, située pourtant à côté de l'Eglise : elle fut commencée en 1174. Représentez-vous un Cylindre oblique, environné de huit rangs de colonnes de marbre, posées les unes sur les autres. Sa hauteur, jusqu'à la plate-forme seulement, est de cent quarante-deux pieds, et son inclinaison de douze pieds, d'après M. Soufflot. Les Italiens la disent de dix-sept. Il en est qui prétendent que cette pente prodigieuse est provenue de l'affaissement du terrein; mais les parties de l'édifice sont si bien liées et si entières, qu'on ne peut douter que ce phénomène ne soit le résultat du calcul d'un habile Architecte. En effet, au seul apperçu, on juge que la ligne de direction ne sort pas de la bâse. Ceux qui veulent tout voir, visitent aussi le Cimetière appelé le *Campo-santo*. C'est une cour de quatre cent cinquante pieds de long, environnée d'un vaste portique, avec soixante belles arcades, et le pavé est de marbre. Ce champ contient neuf pieds, en profondeur, de terre sainte, qui y fut apportée de Jérusalem, en 1218. Le plus fameux Concile tenu dans cette ville, est celui, où, après la déposition de Benoît XIII et de Grégoire XII, on élut Alexandre V. On crut avoir éteint ainsi le schisme d'Occident; toutefois, au lieu de deux Papes, on en eut trois.

Pise est le chef-lieu de l'Ordre de Saint-Etienne, Religieux et Militaire, fondé en 1561 par Cosme I; mais depuis le milieu de notre siècle, les Chevaliers et leurs galères sont sans emploi, la paix ayant toujours subsisté entre la Toscane et les Turcs. Sur la place, dite *des Chevaliers*, est l'Eglise de Saint-Etienne, remplie d'étendards, de queues de chevaux et autres dépouilles prises sur les Barbaresques. Les Membres de cet Ordre sont en grand nombre, parce qu'ils ne sont pas tenus au célibat, et qu'on est indulgent sur les preuves. Ils portent sur l'habit une croix de satin rouge à huit pointes, et une croix attachée à un ruban de couleur de feu.... Cette ville a vu naître Galilée; ce qui suffiroit pour l'illustrer. Elle a produit d'autres Savants célèbres; les beaux-arts y sont en honneur, son Université fréquentée, l'Observatoire et le Jardin botanique renommés.

Je n'ai pas regreté le détour que m'avoit occasionné le désir de voir Pise; et me hâtant d'aller nourrir ma curiosité d'objets encore plus intéressants, je laissai, à quelques pas sur la droite de ma route, la petite ville de San-Miniato. C'est le berceau de la famille de Bonaparte, qui y a des parents, entr'autres un Chanoine de la Cathédrale. Le Général, dans ses Campagnes d'Italie, le vit, le caressa; et le Grand-Duc ne crut pouvoir mieux seconder le bon cœur du Héros François, qu'en conférant à son Cousin l'Ordre de Saint-Etienne.

J'étois passé à Florence, il y a trois ans, sans avoir pu y rien voir; aussi m'en suis-je dédommagé dans ce second voyage. J'ai vu, et je me suis informé: Florence et toute la Toscane valent bien la peine d'être connues.

L'ancienne Etrurie passa de la domination de ses Rois, appelés Lucumons, à celle des Gaulois-Sénonois, qui furent ensuite soumis aux Romains. Les Barbares des quatrième et cinquième siècles la désolèrent jusqu'à Charlemagne. Après ce Prince, on vit des Marquis de Toscane, parmi lesquels la Comtesse Mathilde est peut-être celle qui fit le plus de bruit. Elle avoit donné ses Etats aux Papes, mais l'Empereur Henri V ne s'en empara pas moins en 1115. Des Gouverneurs amovibles donnèrent des loix à ce pays jusqu'au treizième siècle: ce fut alors que la Toscane s'érigea en République.

Vous me demanderez quel rôle jouoit Florence au milieu de ces révolutions ? Voici ce qui me paroît le plus avéré. L'Histoire ne parle guères de cette ville avant les premiers Triumvirs, qui y envoyèrent une colonie des meilleurs soldats de César. Dans la décadence de l'Empire, elle essaya de prendre la forme républicaine; mais les Goths s'en rendirent maîtres. Narsès la leur arracha; elle finit par être détruite, et ses Habitants dispersés. Suivit le règne de Charlemagne, qui voulut la rebâtir et la repeupler. Après avoir obéi aux Marquis de Toscane dont j'ai parlé, elle se choisit des Consuls; cependant l'Evêque avoit dès-lors la principale autorité.

Lorsque son Gouvernement eut pris quelque consistance, elle s'étendit sur ses voisins, fit la guerre aux Républiques de Pise, de Lucques et de Sienne. On voit encore, en forme de trophées, devant le Baptistère et à quelques-unes des portes de la ville, des chaînes de fer, qui servoient à barrer le port de Pise, quand les Florentins s'en emparèrent en 1406. Florence soutint aussi la guerre contre les Papes, les Vénitiens, les Ducs de Milan. La Noblesse, qui gouvernoit cette République, se partagea en deux factions, les *Blancs* et les *Noirs*. En outre, les Guelfes et les Gibelins excitèrent de nouvelles dissensions ; souvent un parti proscrivit l'autre, et Florence devint le centre des ravages les plus affreux. Ces querelles des Nobles, en fortifiant le parti du peuple, conduisirent la ville à la démocratie. Elle fut divisée en communautés, dont on tiroit les Gouverneurs et le Gonfalonier, Magistrat qu'on changeoit tous les deux mois; et les Gentilshommes ne purent entrer dans l'administration des affaires, qu'en se faisant inscrire sur le rôle des Artisans.

L'art de la laine étoit le plus riche, et la Maison de Médicis s'y distingua dès l'an 1378. Sylvestre de Médicis, Gonfalonier, acquit un grand crédit sur le peuple par son esprit insinuant, et son caractère généreux. Ses descendants n'employèrent, comme lui, que la voie de la libéralité, pour s'élever au-dessus de leurs concitoyens. Une fortune immense, fruit d'un commerce qui embrassoit presque tout le monde connu, et le bon usage qu'il sut en faire, mirent toute l'autorité entre les mains bienfaisantes de Cosme-le-Grand, fils de Jean de Médicis. Ce fut une chose aussi admirable qu'éloignée de nos mœurs, de voir ce Souverain commerçant, vendre d'une main les denrées du Levant, et soutenir de l'autre le fardeau de la République; entretenir les Facteurs et recevoir des Ambassadeurs; être l'oracle des Princes, cultiver les Belles-Lettres, donner des spectacles au peuple, et accueillir les Savents de la Grèce. Exilé par la brigue de ses envieux, rappelé ensuite au timon des affaires, il mourut plein de gloire, en 1464, avec le beau nom de *Père de la Patrie*. Laurent de Médicis, son petit-fils, ayant échappé aux meurtriers subornés par les Pazzi, devint le Prince de la République, et mérita le titre de *Magnifique, et de Père des Muses*. Lorsque cette Maison eut donné des Papes à l'Eglise, et formé des alliances avec la France, elle s'éleva au-dessus de ses rivaux. La bataille de Marone, que Cosme I gagna contre les Strozzi, le porta à une hauteur, à laquelle les coups de ses ennemis ne purent atteindre. Il reçut de S. S. Pie V, le nom de Grand-Duc en 1569, et le transmit à sa postérité, qui en a joui jusqu'à son extinction, à la mort de Jean-Gaston de Médicis, huitième Grand-Duc de Toscane. Don Carlos, fils du Roi d'Espagne, fut désigné pour son successeur; mais à la suite d'autres arrangements, la Toscane tomba à François de Lorraine en 1737. Léopold succéda à son père, et devenu Empereur la céda à son second fils Ferdinand III, qui la gouverne encore aujourd'hui. Ce jeune Prince est aimé de ses sujets; il a su se concilier leurs cœurs par une domination douce, et un caractère ferme sans hauteur. Il avoit sagement prévenu par la paix les chagrins que l'entrée des François en Italie lui auroit causés. Vous savez qu'il accueillit Bonaparte en ami; le Général François mangeoit avec le Grand-Duc, quand il reçut la nouvelle de la prise du Château de Milan. *

La situation charmante de la Capitale de la Toscane, au milieu des campagnes fleuries, lui a mérité le nom de Florence, en Italien *Firenze*. C'est du haut des jardins de *Boboli*, qu'il faut jouir du coup-d'œil que présentent ces environs délicieux. Cette ville a deux lieues de tour et soixante-dix mille habitants. De toutes les portes, la plus belle est celle de Bologne, appelée *la Porta San-Gallo* : C'est un arc de triomphe élevé à la gloire de l'Empereur François I, lorsque, n'étant encore que Grand-Duc, il y fit son entrée avec Marie - Thérèse en 1739.

Dans chaque ville d'Italie, les voyageurs ont coutume de se faire accompagner par ce qu'on nomme un *Cicerone*, et on en rencontre qui sont plus instruits qu'on n'auroit lieu de s'y attendre. Notre usage par-tout a été de visiter d'abord les édifices consacrés à la Religion ; nous nous fîmes donc conduire à la Cathédrale.

---

* Le 29 Juin 1796.

Des Eglises de Florence.

La Cathédrale fut commencée en 1296 : elle a quatre cent vingt-six pieds de long, trois cent soixante-trois de haut. Sa coupole est si belle, que Michel-Ange, qui s'y connoissoit, ne croyoit pas possible de rien exécuter de plus achevé. L'Eglise est toute incrustée de marbre noir et blanc au dehors ; ce qui lui donne l'air d'un Catafalque. En y entrant, l'objet le plus frappant qui s'offre d'abord, est le pavé de marbre, dessiné avec beaucoup d'art. Le chœur, au-dessous de la coupole, est orné de colonnes Ioniques de marbre de différentes couleurs. J'y ai entendu chanter la Messe ; il m'a semblé que la dignité des cérémonies ne répondoit pas à celle de ce superbe temple. Martin V érigea cette Eglise en Archevêché, l'an 1420. Dix-neuf ans après fut célébré, dans la Cathédrale, l'avant-dernier Concile œcuménique, où se trouvèrent le Pape Eugène IV, l'Empereur Jean VI Paléologue et le Patriarche Joseph de Constantinople : on y opéra la réunion momentanée des deux Eglises Grecque et Latine. A côté de cet édifice, est son

Campanile ; c'est une tour de deux cent cinquante-deux pieds de haut, totalement incrustée de marbre noir, blanc et rouge. Charles-Quint la trouvoit si belle, qu'il auroit désiré qu'on la mît dans un étui, pour ne pas la laisser toujours exposée aux yeux du Public. Près delà, est le Baptistaire, jadis temple dédié à Mars, de forme octogone, avec trois portes de bronze, que Michel-Ange admiroit jusqu'à dire qu'*elles devroient servir de portes au Paradis.* Les Bas-reliefs représentent des histoires de l'Ancien et du Nouveau Testament.

C'est à l'Eglise de Saint-Laurent que notre *Cicéron* nous conduisit, afin d'y voir la Chapelle Ducale, qui, pour la richesse des matières, la grandeur du dessin, et la beauté des détails, est un des plus rares monuments d'Italie. La première pierre fut posée en 1604 par Ferdinand I. Bien qu'on y ait travaillé sans cesse depuis, la partie supérieure est encore nue, et l'autel, quoiqu'achevé, n'est pas placé. On nous l'a montré dans la dixième salle de la galerie ; c'est un beau bloc de Jaspe : le Tabernacle représente la façade d'une petite Eglise toute incrustée de pierres les plus précieuses. La forme de la Chapelle est un Octogone de quatre-vingt-six pieds de diamètre, et cent quatre-vingt-sept de hauteur. Elle est revêtue d'Agathes; le marbre est réputé trop vil pour orner ce brillant contour. La frise de la coupole est de *Lapis-Lazuli*, parsemé d'étoiles d'or, et les Chapiteaux des pilastres sont de bronze doré. Des huit faces de l'Octogone, l'une est réservée pour l'autel; son opposée pour l'entrée; les six autres sont occupées par les tombeaux des Grands-Ducs, faits d'après les desseins de Michel-Ange. Cet Artiste, né en 1474 au château de Chiusi, à treize lieues de Florence, a son mausolée dans l'Eglise de Sainte-Croix. C'est Cosme I, qui l'y fit ériger; on y voit aussi son buste, avec trois couronnes, et ces mots d'Horace: *tergeminis tollit honoribus.* Ces trois titres à l'immortalité sont la Peinture, la Sculpture et l'Architecture, qui sont désignées par trois figures en habit de deuil. Dans le même temple, est le tombeau de Galilée, mort en 1542. Celui de Pic de la Mirandole se trouve à l'Eglise de Saint-Marc: ce prodige de science possédoit, à l'âge de dix-huit ans, vingt-deux

deux Langues, et soutint à Rome, six ans après, des Thèses *de omni scibili.* * Il mourut à Florence en 1494 ; voici son Epitaphe :

D. M. S.

« Joannes jacet hic Mirandola. Cætera norunt
» Et Tagus et Ganges, forsàn et Antipodes ».
Ob. an. sal M. C. C. C. C. LXXXXIIII.

La Galerie.

Du sacré, passons au profane. La Galerie de Florence! Seroit-il permis de ne pas la voir? C'est la plus riche, la plus nombreuse collection qui existe, de ce que la Peinture et la Sculpture ont produit de merveilleux. On ne devoit pas attendre moins de la Maison de Médicis, à laquelle les Beaux-Arts ont tant d'obligation, le Pape Léon X, et Cosme-le-Grand ayant été les Restaurateurs des Sciences en Italie, comme François I le fut en France.

« Au temps du grand Léon, tout prend une autre face,
» Tout d'un nouvel éclat brille sur le Parnasse.

---

* De tout ce que l'on peut savoir.

» Le Génie ancien de Rome la superbe,
» Caché dans ses débris, enseveli sous l'herbe,
» Lève sa tête altière, et reprend ses honneurs
» La Peinture renaît avec toutes ses Sœurs.
» On voit, entre les mains de l'adroite Sculpture,
» Le marbre s'animer et vaincre la nature.
» Déjà tout retentit de sons harmonieux;
» Le Poëte reprend le langage des Dieux :
» Les Beaux-Arts retrouvés paroissent dans leur lustre
» Et donnent aux Savants plus d'un modèle illustre.
» Raphaël peint ».

Traduction des Œuvres de Pope.

Les Monuments antiques et modernes sont étalés dans trois immenses Corridors, et une vingtaine de Salles. La Galerie a deux ailes, chacune de quatre cents pieds de long; et dans l'intérieur des croisées et le long des murailles, on a rangé symétriquement cinquante-huit Statues avec quatre-vingt-trois Bustes. C'est une suite complette des Empereurs, depuis Jules-César jusqu'à Alexandre-Sévère : de ce dernier jusqu'à Constantin, il y a des lacunes.

Parmi les premiers Chefs-d'œuvre que nous vîmes, remarquons le Buste de Brutus par Michel-Ange. Il semble respirer, quoiqu'à peine ébauché. Cette figure fut laissée imparfaite par un effet de l'inconstance de ce grand homme. Un

Bel-Esprit en donna pour raison l'horreur qu'inspiroit à cet Artiste la barbarie de Brutus à l'égard de ses enfants, et fit ces deux vers, qu'on a gravés sur le Buste :

« Dùm Bruti effigiem Sculptor de marmore ducit,
» In mentem sceleris venit, et abstinuit ».

Un Anglois, qui ne pensoit pas de même, parodia les vers précédents par ceux-ci :

« Brutum effecisset sculptor, sed mente recursat
» Tanta viri virtus; sistit et abstinuit ».

Je me suis consolé de n'avoir pas vu le Laocoon du *Belveder*, en retrouvant la Copie à Florence. L'Original passe pour le Chef-d'œuvre de la Scupture. L'imitateur a tâché de rendre l'angoisse violente de ce père infortuné, dans tous les muscles, ses nerfs, ses veines et jusques dans ses doigts. On croit entendre les gémissements des deux enfants que les serpents étouffent, et on déplore les vains efforts que fait Laocoon pour leur arracher ces victimes déjà toutes dégoûtantes de leur propre sang. C'est une traduction d'après nature de ces fameux vers de Virgile :

« . . . . Parva duorum
» Corpora natorum serpens amplexus uterque
» Implicat, et miseros morsu depascitur artus.

Æn. II.

Ce qu'on appele la *Tribune*, est un Sallon de forme octogone, qui reçoit le jour par huit fenêtres pratiquées sous la voûte, et garnies de crystal Oriental. Son plafond est une sorte de coupole incrustée de nacre de perles. Les premiers objets qui s'offrent à la vue, sont six statues Grecques, dont on a fait bien des copies. La Vénus céleste, ou pudique; le Faune dansant; l'Espion, ou l'*Arrotino;* les Lutteurs; la Vénus *victrix*, et la *Vénus de Médicis*. Cette dernière fait tort aux autres, tant elle enchaîne les yeux des amateurs par son incomparable beauté. Cette statue célèbre est de marbre. Elle porte la main droite au-devant de son sein, et couvre de la gauche ce que la pudeur doit dérober à la vue. Ce morceau, tant loué, fut trouvé à Tivoli, et on n'a jamais décidé avec certitude à quel génie on en étoit redevable. Une inscription Grecque l'attribue à Cléomène; mais on est tenté d'en faire honneur à Praxitèle. Ovide disoit que cette Vénus n'étoit immobile que parce que la majesté d'une Déesse devoit cette attitude à la décence.

« Virginis est veræ facies quam vivere credas,
» Et, si non obstet reverentia, posse moveri ».

Le même Sallon renferme un grand nombre de tableaux de prix. Les plus estimés, sont la Vénus du Titien, une Bacchante de Carrache, une sainte Famille de Rembrandt, une Sainte-Vierge du Corrège, une autre du Guide, un Christ de Michel-Ange, Saint-Jean dans le désert par Raphaël, Luther par Holbein, une tête de Paul Véronèse, et les trois Grâces de Rubens. Plusieurs armoires sont pleines de grands vases de crystal de roche, de pierres précieuses : c'est une collection rare de jaspes, d'agathes, de rubis, d'émeraudes et de perles. On admire sur-tout une tête de Tibère d'une seule turquoise grosse comme un œuf.

Enfin, on a placé au milieu de ce Sallon une grande table incrustée d'agathes, de jaspes, de lapis-lazuli, de cailloux fins de couleurs variées. C'est un des plus beaux ouvrages en ce genre, qu'on ait exécutés à Florence.

Nous passâmes delà dans d'autres salles remplies de statues antiques de porcelaine et d'ivoire, merveilleusement travaillées. Plus loin, est la collection des portraits des plus célèbres peintres, dont la plûpart sont faits par celui qu'ils représentent. On estime entr'autres ceux de Rubens, des Carraches, de Rosalba, de Mademoiselle Le Brun et de Raphaël, dont l'air foible et enfantin rappelle le moëlleux de son pinceau. Cet Artiste fut enlevé à l'Italie à l'âge de trente-six ans. Il est d'usage d'exposer, au milieu de la Salle, le portrait le plus récent de ceux qui composent ce trésor des Arts; c'étoit celui d'un François, nommé Menjaud..... Je n'ai pas fini: il me faut encore parcourir six Salles, où les Chefs-d'œuvre de différents Peintres sont classés par Ecoles. J'y cherchai, et j'y vis quelques productions de notre compatriote Nanteuil de Rheims. On me fit aussi remarquer un Yvroge si bien peint, qu'on apperçoit au travers d'un grand verre qu'il vuide, tous les traits de son visage enluminé. C'est une imitation de l'Yvresse de Pausias de Sicyone. Dans l'enceinte du même édifice, se travaillent ces tableaux en mosaïque, si recherchés par-tout. L'incrustation en est si délicatement nuancée, si approchante de la nature, qu'on ne sait lequel on doit le plus admirer, ou l'habileté, ou la patience de l'Artiste.

De la Specola.

Malgré ce luxe de perfection qui charme dans la Galerie, je doute que l'impression qu'elle m'a causée, soit plus vive que celle que j'ai ressentie dans le Cabinet d'Histoire Naturelle et d'Anatomie, appelé *la Specola*. Plus de soixante chambres sont pleines de minéraux de toute espèce, rassemblés, à grands frais, des quatres parties de l'Univers; de végétaux, ou en nature, ou figurés en cire, à l'aide desquels on peut faire un Cours complet de Botanique; d'animaux sauvages ou domestiques, quadrupèdes, oiseaux, poissons, monstres de terre ou de mer, tous proprement empaillés, avec une étiquette en plusieurs langues, qui donne le nom et les propriétés de chaque pièce. Il y a environ quinze ou vingt chambres consacrées à l'Anatomie. Ce travail en cire fait illusion; il est certains morceaux, qui expriment si bien la nature, qu'il faut vaincre la première répugnance, pour en approcher. Des vases du plus beau cristal renferment les parties du corps humain, qui se reproduisent sous mille aspects différents, soit en entier, soit en détail. On conserve dans de l'esprit de vin, des fœtus informes, ou de petits monstres qui offrent les contours les plus bizarres, et montrent les écarts inexplicables de la nature. C'est-là qu'on peut considérer

« Ces corps où la Nature a violé ses loix,
» Ces fœtus monstrueux, ces corps à double tête,
» La momie à la mort disputant sa conquête,
» Et ces os de géant, et l'avorton hideux
» Que l'être et le néant réclamèrent tous deux.

Delille.

Au-dessus de chaque pièce, est la gravure, ou le dessin, avec les explications qu'on peut désirer. Ce n'est pas à force d'argent ou de sollicitations importunes, qu'on obtient l'entrée de la Galerie et de la *Specola* : des Personnes préposées par le Grand-Duc accueillent les Etrangers, les introduisent dans les Salles, et leur donnent tous les renseignements qu'ils souhaitent.

Des Palais.

Le Palais *Pitti*, habité par le Grand-Duc, porte le nom de Luc *Pitti*, Florentin, qui le fit bâtir et 1460, et fut ensuite obligé de s'en défaire. La façade a quatre-vingt-dix toises de longueur, et les deux ailes ont été ajoutées par Cosme I; cet édifice a fourni l'idée du Luxembourg de Paris. Dans les appartements, décorés avec la dernière magnificence, on admire la fameuse Vierge de Raphaël, *la Madonna della Sedia*, où le peintre a porté le coloris à la perfection. Nous parcourûmes les jardins, longs de cinq cents toises : on les appelle le *Boboli*. Ils offrent toutes les variétés imaginables ; grandes allées, petits bosquets, collines et vallons, fontaines, statues et grottes. Une de ces grottes est ornée de quatre statues ébauchées par Michel-Ange; on croiroit qu'elle va tomber en ruines, et des animaux ont l'air d'en sortir tout effrayés. A l'extrémité de l'allée principale, on voit au-dessus d'un bassin de granit, de vingt pieds de diamètre, un Neptune avec trois fleuves assis à ses pieds : ce sont le Gange, le Nil et l'Euphrate, qui jettent leurs eaux dans la mer. Ce Chef-d'œuvre est de Jean de Bologne.... Le Palais-vieux renferme une collection de tableaux, de statues, d'armures, et quantité de richesses ; entr'autres un devant d'Autel d'un travail si inappréciable, qu'il le dispute à la matière, bien que sa valeur soit de deux millions. C'est-là qu'on conserve, dans une boëte d'or, le décret du Concile de Florence, pour la réunion des deux Eglises ; il est daté du 6 Juillet 1439.... Le Palais Strozzi est un des meilleurs modèles du genre noble, et du goût gothique. Tous ces édifices sont vastes et majestueux, mais un peu noirs et tristes.

Des Statues et des Maisons de plaisance.

Sur la Place de la *Nunziata*, est une statue équestre de bronze, ouvrage de Jean de Bologne : elle représente le Duc Ferdinand I. Le même Artiste a donné la statue équestre de Cosme I, érigée sur la Place du Grand-Duc, à côté d'une fontaine, dont le bassin est immense et orné de douze figures de bronze, au milieu desquelles est celle de Neptune. C'est un Colosse de dix-huit pieds de hauteur. La statue de la Justice, sur l'Arno, est si élancée, qu'on a dit qu'à Florence la Justice étoit élevée à un point que personne ne pouvoit y atteindre. Près delà, est le pont de la Trinité, de trois cent dix-neuf pieds de long, avec trois arches seulement, dont celle du milieu a quatre-vingt-dix pieds d'ouverture.

Peu de Souverains ont autant de maisons de plaisance que le Grand-Duc de Toscane. Il semble que les Châteaux élégants soient réservés pour les Princes peu puissants, comme les Forteresses le sont aux grands Monarques; c'est la pensée du proverbe Italien:

« Principoni,
» Fortezze e Canoni :
» Principini,
Palazzi e Giardini ».

Des Siences.

Florence a toujours été célèbre par l'amour des Belles-Lettres; on voit qu'en 829, Louis-le-Débonnaire ordonne que toute la Toscane enverra les jeunes gens étudier dans cette ville. C'est-là que les connoissances ont commencé à renaître, et se sont perfectionnées. Que ne doit pas la Poésie au Dante; la Physique, à Galilée; la Sculpture, à Michel-Ange; la Musique, à Lulli; le Droit, à Accurse? Ce fut un Florentin qui jouit, quoiqu'injustement, de la gloire de donner son nom au nouveau Continent : on a bâti un Hôpital, au lieu où fut jadis la maison d'Améric-Vespuce. Outre les personnages que j'ai nommés, Florence est la patrie de six Papes, dont trois étoient de la Maison de Médicis.

On peut dire de cette Capitale qu'elle a été la mère des découvertes et des établissements utiles. Elle a fourni l'idée de ces Sociétés Littéraires, qui se sont répandues depuis dans l'Italie et dans toute l'Europe, où elles sont devenues une source d'émulation et de goût. La plus fameuse de celles de Florence, est sans contredit l'Académie de *la Crusca*, appelée *la Regina e moderatrice della lingua Italiana.* Les meubles de la salle sont plaisants. Le Directeur est assis sur une meule : on voit un Académicien, le corps à moitié enfoncé dans un bluttoir, tirer ses papiers d'une trémie ; d'autres ont pour sièges des hottes, dont les dossiers ressemblent à des pèles à four. Ceci s'explique naturellement, quand on sait que le mot *Crusca* signifie du *son*, et que cette Société a pris pour emblême un sac et un blutoir, avec cette devise : *Il più bel fior ne coglie.* *

* Il n'en prend que la fleur.

Il faut avouer que toutes ces allusions seroient plus qu'une puérilité ridicule, si cette Assemblée n'avoit su l'effacer par les services qu'elle a rendus à la Langue Italienne. On lui reproche pourtant de s'être obstinée à conserver des mots surannés, réjettés depuis long-temps par l'usage,

« Quem penès arbitrium est et jus et norma loquendi ».

Hor. de Art. Po.

On pourroit n'employer que les termes trouvés dans le Dictionnaire de *la Crusca*, et n'en être pas moins inintelligible à la plûpart des Italiens. Je ne vous en donnerai que ce court exemple :

« Pensi di lampare diacendo in rispitto » sù questa landa, ma sei più malotico » di un mancipio, imbeccherato dalla » tua lazzità. Tara bara squacheramente » mi rido di tua tanta sera ». Voilà du *la Crsuca*; et ces mots, qui ont besoin d'être traduits, signifient : « Pensi di » risplendere, giacendo in quiete sù » questa pianura, ma sei più maligno » di un schiavo, subornato della tua » asprezza. Egualmente forte mi rido » delle tue bagatelle ».

Je tire ces deux passages d'un excel-

lent livre que j'ai lu avec plaisir, et dont j'ai fait mon *Vade mecum* ; ce sont les *Lettres Critiques*, ouvrage plein de réflexions sensées. Voici celles qu'il donne sur le peu de bons Auteurs que produit aujourd'hui l'Italie, et sur la cause de ce déclin de la bonne Littérature. « L'Ita-
» lia, altrevolte madre de' buoni studj,
» al presente è divenuta, a guisa di
» Donna invecchiata, quasi affatto ste-
» rile. Una volta, si vedevano fiorire
» gli Ariosti, gli Tassi ; ma dopo che i
» tesori s'impiegano in Musici e Canta-
» trici, pare che i poveri Letterati siano
» la feccia della terra ».

C'est en Toscane, et dans les environs de Sienne sur-tout, qu'on parle l'Italien le plus exact ; il est pur dans la bouche même des gens du peuple. On cite partout l'anecdote de cette paysanne, à qui un Religieux demandoit le chemin de Sienne, où il devoit prêcher. Elle lui répondit élégamment : *Varcate il fiume, vallicate il monte, ed eccovi Sienna in fronte.* Rien de plus ravissant que cette manière de s'exprimer, et le Prédicateur dut pressentir à quel auditoire il alloit avoir à faire. Cependant, la prononciation trop gutturale des Toscans ôte à l'Italien une partie de sa douceur. On a dit avec raison : *Per ben parlar Italiano bisogna parlar Romano ;* ou encore *Lingua Toscana in bocca Romana.* Ces deux proverbes expriment une vérité. J'ai toujours été enchanté de l'accent gracieux des Romains ou Romaines, que j'ai entendus. Les mots prennent dans leur bouche une mollesse flexible, dont cet idiôme tire son principal agrément : aussi Charles-Quint le réservoit-il pour ses Maîtresses. Quelle tendre mélodie n'ont pas ces vers du Tasse !

« Cosi a l'egro fanciul porgiamo aspersi
» Di soave licor gli orli del vaso :
» Succhi amari ingannato intanto ei beve,
» E da l'inganno suo vita riceve ».

Gerus. Liber. Cant I. st. 3.

Des Auteurs Italiens.

Je ne sais pourquoi j'ai tant de peine à finir ma lettre ; c'est sans doute parce qu'il en coûte de dire adieu à ses amis. J'ajouterai encore quelques lignes, pour vous parler de plusieurs de ces illustres Ecrivains, qui ont fait la gloire de ce pays. La Toscane a adopté pour Auteurs Classiques, le Tasse et l'Arioste, sans avoir jusqu'ici donné une préférence décidée à l'un d'eux sur l'autre. Le Tasse est plus noble, plus sage, plus correct; il a forcé sa langue à se revêtir d'une majesté d'expressions dont elle ne paroissoit point susceptible. Jugez-en par ces vers :

« Chiama gli abitator dell'ombre eterne
» Il rauco suon de la Tartarea tromba;
» Treman le spaziose atre caverne,
» E l'aer cieco a quel romor rimbomba ».

GER. Lib. Can. IV. st. 3.

Le Tasse est enterré à Rome dans l'Eglise des Hiéronimites. . . . L'Arioste a plus de feu, de vivacité et d'abondance. Toutes ses images sont pittoresques, ses écarts sublimes. Sans doute, la critique judicieuse ne lui pardonnera pas la manière brusque dont il finit et coupe ses récits, ni ces hyperboles fréquentes qui détruisent le vraisemblable, ni tant de pensées extravagantes; comme quand il dit d'un de ses héros, que, dans la chaleur du combat, ne s'étant pas apperçu qu'on l'avoit tué, il combattoit toujours vaillamment, tout mort qu'il étoit.

« Il pover uomo, che non s'en'era accorto,
» Andava combattendo ed era morto ».

D'ailleurs, le Poëme de Roland furieux respire plutôt un air de Chevalerie Romanesque que l'esprit héroïque. Toutefois, doit-on souscrire à cet ancien bon mot, que *le tombeau de l'Arioste est dans le Tasse*? Quoiqu'il en soit, les Italiens ont été choqués d'entendre Boileau, en parlant de ces deux Auteurs, traiter l'un de *fou*, et les vers de l'autre de *clinquant*.

La gloire d'avoir ouvert la carrière à la Poésie Italienne appartient au Dante, génie élevé, mais dont le langage est devenu si obscur, qu'il y a une Chaire dans l'Université de Florence, qui a pour but d'interpréter cet Ecrivain. Il mourut en 1321, après avoir vu naître celui qui devoit l'éclipser, Pétrarque, le fameux Chantre de Laure. Ce fut dans un séjour forcé à Avignon, qu'il connut l'objet de tant de soupirs. Bocace est placé au nombre des trois premiers Poètes de l'Italie, quoiqu'il doive sa célébrité plus à sa prose encore qu'à ses vers. Son *Décaméron* a fait sa réputation; mais en admirant la beauté du style, le chaste lecteur gémit sur l'obscénité des idées, et la hardiesse avec laquelle les bornes de la bienséance sont franchies. Bocace nâquit à Florence en 1313.

L'Italie doit à Métastase ses meilleures Tragédies et Opéras.... Souvent chez cet Auteur, l'action est double, et il sacrifie volontiers la Règle d'Unité aux besoins du Théâtre. Il a emprunté beaucoup de pensées et de situations des Anciens et des Modernes, et il lui faut deux ou trois Tragédies pour en faire une; mais il rend parfaitement tout ce qu'il s'approprie; et le résultat va toujours à son but. Son style est coulant, vif, sententieux; ses vers harmonieux; ses peintures magnifiques; ses idées nobles; ses pensées ingénieuses, quelquefois recherchées. Il est vrai qu'il a des pièces très-foibles; celles qu'il a composées sur la Passion sont d'un goût si pitoyable, qu'il m'a été impossible d'en soutenir la lecture. Parmi ses Chefs-d'œuvre, on cite *la Clémence de Titus*, *Didon*, *Artaxerce*, *Olympias*. . . . Cet Auteur mourut en 1783.— Les Italiens ont leur Molière. C'est l'Avocat Goldoni, dont les Comédies sont presque toutes restées au Théâtre. Elles sont en grand nombre; on n'y voit pas toute la finesse du comique de l'Auteur de l'Avare et du Mysantrope; mais aussi n'y rencontre-t-on point le bouffon trivial, qui salit Molière. Goldoni se soutient toujours à la même hauteur ; ses scènes sont adroitement liées ; ses intrigues simples, les dénouements heureux. Il s'est surpassé dans *Palema*, la *Donna di garbo*, l'*Avvocato Veneziano*, la *Locandiera*, la *Vedova Scaltra*.... La morale est saine, et l'Auteur prouve qu'on peut plaire sans choquer la décence. J'ai lu et relu la plûpart de ses pièces, toujours avec plaisir, et c'est peut-être la meilleure école, pour qui veut apprendre l'Italien ; rien n'étant si naïf et si coulant que le Dialogue de Goldoni. Albergati et Chiari se sont aussi distingués par leurs Drames : ce dernier est encore plus connu par ses Romans ; sa *Ballerina* est estimée. L'Italie, ainsi que la France, est inondée de Romans et de Contes moraux, parmi lesquels on cite avec éloge ceux de Soave. On m'en a conseillé la lecture, comme une introduction à la langue Italienne, à cause de la simplicité et de la pureté du style.

Du caractère des Italiens.

Je n'ai eu qu'à me louer des Toscans, et il me semble que généralement on rend une justice assez avantageuse à leurs mœurs. Ce sont sur-tout les habitans de l'Italie Méridionale, qui donnent prise à la critique la plus mordante. Les vols et les assassinats y sont communs. Les immunités et les franchises y favorisent le crime; et dans l'Etat Ecclésiastique, on a compté, par an, deux mille meurtres. Ce calcul est sans doute exagéré; au moins, ces attentats y sont-ils très-fréquents et plus fréquents encore en Calabre, et sur-tout en Sicile. Les scélérats, pour ne pas se méprendre, ont la précaution d'appeler celui à qui ils veulent porter le coup; mais souvent ils se trompent à la voix. Ils en sont quittes pour lui dire : *Padrone mio, è un sbaglio* *. La malheureuse victime du quiproquo n'en meurt pas moins. Les exécutions sont rares dans ces contrées; on s'y borne à la peine des galères, ou de l'estrapade. Ce dernier supplice est très commun; quelque douloureux qu'il soit, on voit des gens, qui, l'ayant déjà subi, consentent pour deux baioques à être secoués une seconde fois.

Les Italiens servent souvent de terme de comparaison, quand on veut parler d'un jaloux et d'un vindicatif. J'avoue qu'il est difficile de les laver de ces deux défauts, d'après l'exemple terrible des

* Excusez, mon cher, c'est une méprise.

Vêpres Siciliennes, qui ont été le résultat de l'un et de l'autre. J'avoue encore que les Italiens n'ont jamais autrefois souffert la domination Françoise qu'avec dégoût, et l'ont repoussée avec toute la vigueur dont ils furent capables, dans les guerres du seizième siècle. Mais ne peut-on pas dire que la galanterie des François, poussée trop loin, a aiguisé le poignard de la jalousie? En effet, tout individu de notre nation, avec de la prudence et de la politesse, a toujours été sûr d'être accueilli, et vu de bon œil dans ce pays. Il y a joui, dans tous les temps, de la considération qu'on ne refuse nulle part à un peuple dont on aime l'esprit, les manières, le langage et les modes, et pour lequel on a une prévention favorable...... Sans m'en appercevoir, je termine mon Epître par louer nos compatriotes.

« Par où pouvois-je mieux finir » ?

La Font. Liv. XII. Fab. 32.

DU MEME AU MEME.

De Milan, 28 Octobre --98.

MES déplacements continuels, qui donnent à mon existence un air de vie vagabonde, l'incertitude où je suis du lieu où finiront mes courses, toutes ces idées contrarient la nature de mon esprit, ami du repos, qui pourtant ne l'a jamais trouvé que pour le perdre. Mais brisons là. Je serois fâché de paroître mécontent de ma destinée; et je me souviens encore de la maxime que me répétoient souvent les pacifiques Hollandois :

« Dulcia non meruit, qui non gustavit amara ».

Après nous être munis de passe-ports, signés à Florence, des Ministres des deux Républiques, Françoise et Cisalpine, nous prîmes la route de l'Apennin, montagnes ennuyeuses, dont le pâle olivier me jetta dans une secrette mélancolie, que les beautés brillantes de la Lombardie dissipèrent peu-à-peu. En descendant l'Apennin du côté du Nord, nous tombâmes dans * *Scarica l'asino*, nom bizarre du premier village de la Cisalpine. Cette République étoit née depuis mon voyage d'Italie en 1795 : il fallut changer de style, et substituer le titre de *Cittadino* ** à celui de *Signore*. . . . Heureusement, nous avions eu jadis le loisir de voir Bologne ; nous ne nous y arrêtâmes cette fois-ci que peu de moments. Cette ville, celles de Ferrare et de Modène, formèrent d'abord la République Transpadane, Etat éphémère, qui se confondit dans la Cisalpine, après la paix de Campo-Formio. A deux lieues de Bologne, sur le Panaro, fut conclu le Triumvirat d'Octave, Antoine et Lepidus, l'an 44 avant Jesus-Christ.

J'avois cru Modène une misérable bicoque ; je lui fais réparation d'honneur : c'est une ville bien bâtie, et agréablement décorée. Elle est située entre le Panaro et la Secchia : sa population est de vingt mille ames, et on rapporte son origine à l'une des douze Colonies envoyées par les Etrusques au delà de l'Apennin. Enveloppée dans les orages de la Républi-

* Décharge l'âne.

** Citoyen.

que Romaine, elle y joua un rôle funeste. Le siège qu'elle soutint contre Octave, en faveur de Brutus, qui s'y étoit retiré, a été si célèbre, que Lucain le cite pour un exemple des plus cruels fléaux de la guerre.

« His, Cæsar, Perusina fames, Mutinæque labores ».

Dire que les Lombards l'ont occupée, c'est faire entendre qu'ils l'ont désolée. Elle ne fut pas mieux traitée par les Exarques; et ses efforts pour recouvrer, ou maintenir sa liberté, ne servirent qu'à rendre plus pesant le joug que lui imposèrent successivement les Empereurs, les Papes, les Ducs de Milan et de Mantoue, et la République de Venise. Enfin, dans le treizième siècle, la Maison d'Est acquit cette souveraineté. Il n'en a jamais rien coûté aux Poètes pour inventer des Généalogies analogues à la vanité des Princes: aussi l'Arioste donne-t-il le Troyen Aceste pour premier Ayeul aux Princes d'Est... Autre Fiction. Un Hermite annonce à Roger que *Bradamante* aura un fils, à qui Charlemagne dira: *Este hîc Domini.* En voici assez à l'Arioste, pour trouver l'étymologie du nom d'*Est.* Ecoutez-le:

« E

« E perchè dirà Carlo in Latino : Este
» Signor qui ; quando faràgli il dono,
» Nel secolo futur, nominato Este
» Sarà il bel luogho, con augurio buono.
» E così lascierà il nome d'Aceste
» Delle due prime note il vecchio suono ».

Cant. XLI. St. 65.

De cette ancienne Famille, il ne reste plus que le Souverain actuel, et l'épouse de l'Archiduc de Milan : ainsi ce pays étoit destiné à grossir les possessions de la Maison d'Autriche. A l'approche des François, le Duc se retira à Venise avec vingt-trois millions en or; il en sacrifia sept pour acheter un armistice, qui ne sauva pas ses Etats. Par la paix de Campo-Formio, le Duc de Modène doit recevoir en échange le Brisgaw ; jusqu'à présent, il ne s'en est pas mis en possession. (La paix de Lunéville en 1801, a confirmé cette donation.)

Les portiques de Modène sont magnifiques ; mais ce qui m'a sur-tout frappé, c'est la * *Strada-maestra*, qui conduit de la porte de Bologne à celle de Reggio. Parmi les édifices qui en font l'ornement,

* La grande-rue.

on distingue le Palais de la ville, trois Hôpitaux et la Douane. Le Palais Ducal, isolé au milieu d'une Place spacieuse, attire les regards par son architecture de la grande manière : sa vaste cour est entourée de superbes colonades. Entre les Tableaux estimés qui embellissent l'intérieur de cette Résidence, on reconnoît aisément le pinceau du Titien dans la *Femme adultère*. L'expression en est touchante ; et le repentir de la Pécheresse, semble solliciter et mériter son pardon. La Galerie contient en outre une riche collection de Desseins, de Statues, de Camées des meilleurs maîtres; la Bibliothèque a trente mille volumes, sans y comprendre un bon nombre de manuscrits, et un recueil précieux d'anciennes Editions des plus fameux Imprimeurs.

Dans cette ville, on compte près de cinquante Eglises. Le clocher de la Cathédrale est entièrement revêtu de marbre à l'extérieur. Moyennant la *buona mano*, * il est permis de descendre dans le bas de cette tour, pour y voir un vieux sceau de bois, d'une moyenne grandeur,

---

* Une étrenne.

garni de trois cercles de fer. On l'y conserve soigneusement, comme un monument de la bravoure des Modénois, qui, dans une guerre soutenue en 1325, contre leurs voisins les Bolonois, les battirent à Zappalino, et entrèrent dans leur ville. Forcés à la retraite, ils *enlevèrent le sceau* d'un des puits de Bologne, comme une sorte de Trophée; et c'est ce dernier combat que le Tassoni raconte, à sa manière, dans le premier Chant de son Poëme, intitulé: *la Secchia rapita.* Ce fut à Rome, en 1614, qu'il finit cet ouvrage Héroï-comique. Boileau en a tiré l'idée de son Lutrin; et on peut dire que l'imitateur a effacé son modèle.

Montecuculli étoit de Modène; sa famille y tient encore un rang distingué. J'ai trouvé cette ville inondée de soldats François, mêlés avec les Cisalpins. Les enfants de la nouvelle République portent un uniforme verd; mais on reconnoît les François, bien moins à la couleur de l'habillement, qu'à cet air guerrier que n'ont point leurs Alliés.

A travers une plaine émaillée de fleurs, d'où s'élèvent des arbres symétriquement allignés, nous arrivâmes à Reggio, fondée par les Etruriens. Le Triumvir Lepidus en fit une Colonie Romaine ; mais le Visigoth Alaric la posséda, et ce fut pour la détruire. L'Arioste y vint au monde. Cette place est petite ; le nombre de ses habitants est pourtant considérable. Nos compatriotes, dont elle regorge aujourd'hui, y sont bien vus des Citoyens, qui, en 1795, sans attendre d'ordres, plantèrent avec empressement l'arbre de la Liberté. L'Eglise de la *Madonna delle Giarre* renferme un Christ, où le Guerchin a mis tout le pathétique de son pinceau. Aux pieds du Sauveur mourant est la Sainte Vierge, qui semble ne pouvoir plus survivre à son fils ; deux Saintes Femmes soutiennent ses membres abattus.

La voie Emilienne, que nous foulâmes avec le respect dû à l'Antiquité, nous conduisit à *Canosa*, ancienne Forteresse de la Comtesse Mathilde, où l'Empereur, Henri IV, vint recevoir l'absolution de Grégoire VII, en 1077. Delà, nous vînmes à Parme. Cette ville, fondée par les Etrusques, passa des Boïens aux Romains, dont elle eut beaucoup à souffrir, sous le second Triumvirat. Auguste, qui consacra la dernière partie de sa vie à réparer les horreurs de la première, envoya une Colonie pour repeupler

Parme ; et, afin d'immortaliser sa reconnoissance, la ville prit le nom de *Julia-Augusta-Colonia*. Des Lombards et des Exarques, elle tomba au pouvoir de Charlemagne, qui la comprit dans la donation qu'il fit au S. Siège, d'une partie de l'Italie ; mais ayant recouvré sa liberté, elle prit la forme Républicaine. Cependant, les Empereurs n'avoient pas renoncé à leurs droits sur cette ville, et Frédéric II les fit valoir en l'assiégeant : il vouloit la punir d'avoir favorisé le Pape Innocent IV, dont il étoit mécontent. Après bien des combats livrés sous les murs de cette place, il s'en empara. Elle lui échappa. Je la vois successivement sous la domination des Ducs de Milan, des Empereurs, des Rois de France, des Papes ; enfin, Louis Farnèse la posséda en 1545. Son fils Octave fut confirmé dans sa Souveraineté par Charles-Quint, dont il épousa la fille naturelle, la célèbre Marguerite de Parme. Cet Etat étoit un théâtre trop resserré pour le génie de son troisième Duc, Alexandre ; ce Prince alla développer ses talents militaires en France, et dans les Pays-Bas. Digne rival de Henri IV, et de Maurice d'Orange, il fit espérer quelque temps à la Ligue de pouvoir exclure du trône le meilleur de nos Rois, et à Philippe II de reconquérir ses plus belles provinces.

En 1731, Philippe V, Roi d'Espagne, qui avoit épousé Elizabeth Farnèse, unique héritière de Parme, envoya son fils Don - Carlos prendre possession de ce Duché. Cet Infant ayant conquis le Royaume de Naples, il en demeura maître, et l'Etat de Parme fut cédé à l'Empereur Charles VI. Par la paix d'Aix - la - Chapelle, qui exigea de nouvelles dispositions, il revint aux Bourbons. Philippe, frère de Don-Carlos, y régna, et son fils Ferdinand, qui le gouverne aujourd'hui fait le bonheur de ses sujets. (Ce Prince est mort en 1802.)

La qualité de François est singulièrement respectée dans ce pays. En entrant à Parme, je m'annonçai pour *Cittadino Francese*; et l'Officier de garde n'en demanda pas d'avantage. Un *Cittadino Cisalpino*, monté dans la même voiture, fut obligé de dérouler ses papiers, et de décliner fort au long ses noms et surnoms.

C'est sur - tout dans cette ville que s'est signalé le Corrège, né à *Corregio*, près de Modène, en 1494. La nature l'avoit fait ce que les autres deviennent par l'art, Soutenu de son génie seul, il fut le Peintre des grâces, le Prince des Coloristes, et le créateur de ses manières. Encore jeune, à la vue d'un tableau excellent, il sentit tout ce qu'il pouvoit, et s'écria : *Anche io son pittore!** Jules-Romain fait l'éloge du Corrège en termes énergiques, quand il dit d'un de ses Chefs-d'œuvre : *Ce n'est pas de la peinture, c'est de la chair.* Un des plus fameux Ouvrages de cet Artiste, est *la Madonna di San-Girolamo.* Il n'en reste plus à Parme que le souvenir, et le regret de l'avoir perdu; car les François ont jugé que Paris étoit le seul endroit digne de posséder ce trésor. En vain leur offroit-on un million, s'ils consentoient à ne pas l'emporter; le tableau leur parut inappréciable. Il représente la Sainte Vierge, Saint Jérôme près d'elle, et la Magdeleine à ses pieds. Cet anachronisme, qui rapproche deux Saints séparés par quatre siècles, ne doit pas étonner : rien n'est plus commun en Italie, où l'on voit souvent des Gardes-Suisses, armés de fusils, auprès du tombeau du Sauveur. Le même

* Et moi aussi je suis peintre!

peintre s'est immortalisé dans son Assomption de Marie, sous la coupole de la Cathédrale. Monsieur Cochin, bon juge en cette matière, assure que la chaleur de l'imagination, et la hardiesse des racourcis, y sont portées au plus haut point. Lorsque les yeux, après avoir contemplé cette merveille, se reportent sur les Chanoines de la même Eglise, on se rappelle nécessairement l'anecdote, qui fait si peu d'honneur à leurs prédécesseurs. Ils méprisèrent un prodige de peinture, qu'ils n'auroient dû regarder qu'avec extase; et pour punir l'auteur d'être demeuré au-dessous de ce qu'il attendoient, ils lui payèrent le prix convenu en petite et lourde monnoie. Le malheureux Corrège, accablé sous le poids de cette somme, ne rentra chez lui que pour y mourir d'épuisement.

Le théâtre de Parme n'a peut-être pas son semblable dans l'Italie; mais l'entretien de cet immense édifice étant trop dispendieux, on ne s'en sert plus. Il peut contenir douze mille spectateurs, ayant cinquante-neuf toises de longueur, et près de dix-sept de largeur. Sa forme est un ovale, entouré de quatorze rangs de gradins à l'antique. Deux rangs de loges s'élèvent au-dessus, ornées de colonnes, et couronnées d'un autre ordre de gradins.

Les environs de cette ville demandent à être remarqués. A quatre lieues est Colorno, ancien Château, dont les jardins sont vantés avec raison ; on s'y promène sous un grand berceau d'orangers et de citroniers, qui croissent en pleine terre. A peu de distance, se donna, en 1734, la bataille de Parme, où le Général Autrichien, Merci, perdit la vie. Cette journée, et celle de Guastalla, hâtèrent la conclusion du traité de Vienne. Le fléau dévastateur de la guerre devroit respecter de si belles contrées ; ces guirlandes si agréables qui enchaînent les arbres, et qui ont de la peine, même dans la saison où je les ai vues, à quitter leur verd feuillage.

Une ville située au milieu de ces objets rians, ne mérite-t-elle pas bien le nom de Plaisance ? Toutefois, à mon grand étonnement, elle ne m'a point paru remplir exactement l'idée que son nom présente. Elle a, il est vrai, quelques places et des édifices décorés ; mais ce sont des beautés qui brillent dans un désert. On y voit peu de monde. Sa dépopulation seroit-elle une suite de ses malheurs ? Ils sont aussi anciens qu'elle. Le Carthaginois Amilcar la brûla ; Marius et Cinna s'en firent un boulevard contre le parti de Sylla ; sortie de ses cendres, elle devint une pomme de discorde entre Othon et Vitellius. Ces deux rivaux ne sont plus rien, quand on les compare aux Totila et aux Alboin, qui inondèrent de sang l'infortunée Plaisance. Cette ville, depuis ces tristes époques, a presque toujours suivi le sort de Parme, et elle le partage encore aujourd'hui.

L'ornement le plus majestueux de son intérieur, est le double monument que le génie de Jean de Bologne y a élevé. Ce sont deux statues équestres, dont l'une représente Alexandre Farnèse, si connu dans l'Histoire de la Ligue et des révotions des Pays-Bas. Qand je considérois, il y a sept ans, l'endroit où il fit jetter un pont sur l'Escaut, malgré l'indignation du fleuve, je ne pensois point voir un jour la contrée qui avoit eu ce Héros pour Souverain. Voici l'inscription qu'on lit sous la statue :

« Alexandro Farnesio, Placentiæ, » Parmæ, etc..... Duci M.... Belgis » devictis, Gallis obsidione levatis, Gal» lico, Placentia Civitas..... Invicto

» Domino suo Equestri hâc statuâ sem-
» piternum voluit extare monumentum ».

L'artiste a saisi le moment du départ du cheval. La tête est touchée avec tant de feu, que l'on croit entendre l'animal hennir. A côté de cette statue, est celle du fils de ce Prince, Rainuce, le Protecteur des arts. J'allai chercher quelque Chef-d'œuvre à la Cathédrale, et j'y en trouvai ; car quelle est l'Eglise en Italie où on n'en trouve point? Celle-ci avoit perdu deux de ses tableaux les plus estimés, qui enrichissent actuellement le Muséum de Paris.

Je ne me rappelle de personnage célèbre né à Plaisance, que le Cardinal Alberoni. C'est dans une chaumière, à l'extrémité de la ville, que reçut le jour, ce Ministre de Philippe V. Ses plans trop vastes sembloient envier à l'Europe la paix que le traité d'Utrecht lui avoit rendue. Vendôme avoit été le premier auteur de la fortune de ce hardi Politique, qui, pour n'avoir pas réussi, fut traité d'intrigant, disgracié, et réduit à vieillir tristement dans sa patrie.

Aux portes de Plaisance, j'ai retrouvé le Pô, que j'avois vu presqu'à son embouchure, trois ans auparavant. Il sépare aujourd'hui le Duché de Parme de la République Cisalpine. Ce fleuve majestueux reçoit le tribut de quantité de rivières; j'en ai compté plus de douze sur un espace de vingt lieues : aussi devient-il si terrible dans son cours, qu'il semble ne se décharger dans la mer, que pour lui déclarer la guerre, selon la pensée du Tasse.

« Così scendendo dal natio suo monte
» Non impie umile il Pô l'angusta sponda;
» Ma sempre più, quanto è più longe al fonte,
» Di nuove forze insuperbito abbonda:
» Sovrà i rotti confini alza la fronte
» Di tauro, e vincitor d'intorno inonda,
» E con più corna Adria respinge, e pare
» Che guerra porti, e non tributo al mare ».

Ch. 9. St. 46.

L'endroit où je viens de passer le Pô, est le même où l'a traversé l'armée Françoise, à la vue de l'ennemi : ce fut le Général Lasnes, qui le premier brava le danger; il montra la même intrépidité à Lodi, à Dego et à Arcole.

Notre route étoit semée de soldats François qui se rendoient en tous sens à leur destination, et j'ai parlé à plusieurs d'entr'eux; ils s'attendent à ne pas quitter l'Italie, sans avoir rompu une lance avec le Roi de Naples. Leur courage est

bien

bien loin d'être épuisé ; un d'eux pourtant désiroit du repos : *Bon*, reprit son camarade, *ne sais-tu pas encore qu'un François ne doit jamais se plaindre ?*

Au-dessus de Plaisance, est le *Campo morto* : ainsi appelle-t-on la plaine, où Annibal défit le téméraire Sempronius, à la bataille de la Trébie, au commencement de la seconde guerre Punique. Des combats plus récents viennent d'illustrer divers lieux de l'Italie. Jamais la postérité n'oubliera le pont de Lodi ; et les exploits dont il fut le témoin, immortaliseront son nom, avec celui des Généraux François. J'ai sous les yeux le rapport officiel de Bonaparte sur cette mémorable affaire. « Nous entrâmes dans » Lodi, poursuivant les ennemis, qui » avoient déjà passé l'Adda, sur le pont » de cent toises. Beaulieu, avec toute son » armée, étoit rangé en bataille. Trente » pièces de canon défendoient le passage » du pont. Je fis placer toute mon artil- » lerie en batterie. Dès l'instant que » l'armée fut arrivée, elle se forma en » colonnes serrées ; le second bataillon » de Carabiniers en tête, et suivi par » tous les bataillons des Grenadiers, au » pas de charge et aux cris de *Vive la* » *République* !.... L'ennemi fit un feu

» terrible; la tête de la colonne paroissoit » même hésiter. Un moment d'hésitation » eût tout perdu. Les Généraux Berthier » et Massena se précipitèrent à la tête, » et décidèrent le sort encore en ba- » lance.... Depuis le commencement » de la Campagne, aucune affaire n'ap- » proche du terrible passage du Pont de » Lodi ».

Quelques mois après, des Grenadiers, à qui on montroit les canons des Forts de Mantoue, pour leur prouver combien seroit imprudente une attaque prématurée : *A Lodi*, disoient-ils, *il y en avoit bien davantage!* L'éclat de cette journée tira le nom de Lodi de son obscurité, cette ville n'offrant d'ailleurs rien qui la distingue ; nous y passâmes la nuit, au milieu des Hussards François, dont elle étoit remplie.

Je conçois tout l'effet qu'à dû produire sur les Carthaginois la vue des délicieuses plaines d'Italie, quand leur Général les leur montroit du sommet glacé des Alpes. Rien n'étoit plus propre à faire oublier les maux présents, que l'espoir prochain de posséder des contrées riantes, où la nature déploie tout son faste, et prodigue tous ses dc 3. Mais cette terre, pour être riche, n'en a été que plus souvent teinte du sang des Nations. J'ai vû Marignan, où coula celui des Suisses, en 1515. L'idée de cette victoire de François I, amena bientôt celle de ses malheurs à Pavie; et le résultat de mes réflexions, fut que souvent il n'y a qu'un pas du plus brillant triomphe à la plus cruelle disgrace. Ces pensées m'accompagnèrent jusqu'à Milan, où j'entrai, brûlant d'impatience de connoître cette ville, la troisième de l'Italie dans l'ordre de la population et de l'opulence. Je ne fais, pour ainsi dire, que d'y arriver. Donnez-moi quelques jours pour l'étudier, et vous en parler.

« . . . . . Prenons un peu d'haleine:
» Ma main, pour cette fois, commence à se lasser.
» Finissons ».

BOILEAU. Satyre VII.

DU MEME AU MEME.

Le 30 Octobre -- 98.

J'EMPLOIE les derniers moments de mon séjour à Milan à vous en rendre compte. Remontons à l'origine de cette ville; elle vous est connue. Ce sont nos pères, les Gaulois, émigrés sous la conduite de Bellovèse, neveu du Roi Ambigat, qui l'ont fondée, environ six cents ans avant l'Ere Chrétienne. Elle devint la Capitale de la Gaule-Cisalpine. L'Empire Romain ayant englouti ce pays, Milan ne reparut avec éclat, que quand les Empereurs d'Occident y fixèrent leur résidence. Cette gloire d'un instant fut éclipsée par de longs malheurs. Les Ostrogoths s'en emparèrent; chassés par Bélizaire, ils y rentrèrent pour la désoler. D'autres barbares succédèrent à ceux-ci; ce sont les Lombards. Cette Nation, appelée autrefois les *Winithes*, habitoit la marche de Brandebourg, et on prétend qu'elle faisoit partie de l'armée du Chérusque Arminius, qui battit Varus, l'an neuf. Insensiblement, les Lombards s'avancèrent vers le Midi de l'Allemagne, et auroient passé le Danube sous Marc-Aurèle, si les Romains ne les eussent repoussés. Dès-lors, ils avoient leurs Ducs; on les voit s'établir dans l'Isle de Rugen, en 490 : peu après, leur Chef Audoin se fixe en Pannonie, et c'est delà que, vainqueurs de tous les obstacles, ils passent en Italie, l'an 568, sous Alboin. Le pays qu'ils ont occupé, conserva long-temps leur nom, et Milan en fut la Capitale.

Charlemagne, ayant détrôné Didier, leur dernier Roi, créa dans cette contrée des Gouverneurs, qui devoient dépendre de lui et de ses successeurs. Les troubles qui s'élevèrent après lui, n'ayant pas permis aux Empereurs de faire valoir leurs droits sur la Lombardie, les Seigneurs de Milan ne manquèrent pas de profiter de ce silence, pour se rendre indépendants, et l'autorité flotta entre eux, les Archevêques et le peuple. On avoit presque oublié qu'aucun Souverain pût avoir des prétentions sur cette province, quand Frédéric-Barberousse en réveilla le souvenir d'une manière terrible. Indigné que Milan ne voulût pas le reconnoître pour maître, il l'assiégea, lutta contre cette ville tout l'hiver de

1162, et l'obligea enfin à se rendre à discrétion. Les habitants vinrent le trouver à Lodi, ayant des épées nues au cou, et des croix à la main, pour demander miséricorde. L'Empereur leur accorda la vie ; mais afin de les empêcher de se révolter à l'avenir, il fit démolir les maisons et jusqu'aux Eglises, combler les fossés, et abattre les murailles. On y passa la charrue en croix, et on y sema du sel, pour éterniser la mémoire de cette infamante punition. Toutefois, cinq ans après, cette ville renâquit de ses propres ruines ; et non contente d'avoir relevé ses murs, elle se joignit aux autres Lombards, pour créer un nouveau boulevard contre les efforts de l'Empereur. Les Allemands, par mépris, appellèrent la nouvelle Place, *Alexandrie de la Paille.* Malgré cette dérision, elle n'en subsista pas moins, et en 1176 les Milanois osèrent se mesurer avec l'Empereur. Celui-ci courut le plus grand danger ; il eut un cheval tué sous lui ; sa défaite fut entière ; lui-même disparut, sans qu'on sût, quelque temps, ce qu'il étoit devenu. Ce revers, qui ruina sa puissance en Italie, le dégoûta de la guerre qu'il y faisoit, et le porta à presser sa réconciliation avec Alexandre III ; elle eut lieu à Saint-Marc de Venise.

Le règne de Frédéric II enfanta de nouvelles tempêtes dans l'Italie, et de nouveaux malheurs dans Milan. Cette ville fut le foyer d'une ligue formée contre ce Prince ; elle en fut aussi la victime. A la suite d'un combat sanglant, elle fut ouverte aux vainqueurs irrités, et livrée à toutes les horreurs du plus affreux pillage.

L'état d'agitation où flotta l'Allemagne pendant plus d'un siècle, les fréquents changements qui survinrent dans les Dynasties Impériales, en laissant à Milan le temps de respirer, affermirent le pouvoir de ses Seigneurs, et la Maison des *Visconti* y domina tranquillement. Le dernier rejetton légitime de cette famille, Philippe Marie, étant mort en 1447, ce Duché devint l'objet de l'ambition de plusieurs Princes. Malgré le grand nombre de puissants compétiteurs, il passa sous les loix du bâtard d'un Paysan ; François Sforce soumit le Milanèz, et le transmit à ses descendants. L'un d'entr'eux, Ludovic, appella en Italie Charles VIII, Roi de France, espérant, avec son secours, opprimer plus aisément Jean Galéas son neveu, gendre du Roi de Naples. Bientôt, il se tourna contre celui dont il avoit sollicité l'appui. Sa perfidie fut punie ; Louis XII résolut la conquête du Milanèz, sur lequel il croyoit avoir plus de droit qu'un Usurpateur, meurtrier de ses parents, et Milan fut pris. Ludovic, dépouillé du fruit de ses crimes, erra de province en province, ramassa quelques troupes, et reparut dans le Milanèz, où Trivulce qui le gouvernoit, au nom du Roi de France, avoit fait détester la domination de son maître. Le Duc recouvra même ses Etats ; mais, manquant de moyens pour s'y soutenir, il en fut chassé de nouveau par Louis XII, aidé de la trahison des Suisses. Ludovic, dénoncé lâchement par eux, fut reconnu, malgré son travestissement, arrêté et conduit en France, où il mourut de misère. Il eût été plaint, si ses forfaits n'avoient fermé tous les cœurs à la compassion.

L'Italie retentissoit du bruit des exploits des François ; néanmoins, tant de succès ne purent leur assurer leurs conquêtes, et les Suisses rétablirent dans le Milanèz, Maximilien, fils de Ludovic. Louis XII songeoit à marcher contre lui, quand la mort le surprit, au milieu des préparatifs considérables pour un nouvel incendie. Le bouillant François I alla l'allumer ; son coup d'essai fut un coup de maître, et il écrasa ses ennemis à Marignan. Sforce tomba aux pieds de son vainqueur, qui lui promit une pension, en échange de sa Souveraineté. Cette vive lumière qu'avoit jetté d'abord le Roi de France, ne brilla que pour éclairer des revers. Le Milanèz lui échappe. Cédant à l'impatience de le reprendre, il hazarde le funeste combat de Pavie, y perd une partie de ses troupes, ses meilleurs Généraux, sa liberté, *tout* enfin, *hormis l'honneur* ; si l'honneur d'un Roi consiste uniquement dans la bravoure. Cet évènement amena différents traités toujours violés. L'impossibilité de rentrer dans le Milanèz, força François I à renoncer à ses droits, et l'Empereur y maintint les Sforce. A l'extinction de cette famille, Charles-Quint investit de ce Duché son fils, Philippe, en 1536 : depuis cette époque, l'Espagne en a joui jusqu'en 1706, que l'Empereur Joseph assisté de ses alliés, s'en rendit maître au nom de l'Archiduc Charles. Vingt-sept ans après, Charles Emmanuël, Roi de Sardaigne, ayant uni ses armes à celles des Espagnols, prit le Milanèz, et le garda quelque temps ; mais le traité de Vienne le remit dans la Maison d'Autriche. Il vient d'en sortir encore.

Massena fit son entrée dans Milan le 14 Mai 1796, par la porte Romaine; c'est aussi par-là que je fis la mienne, non en vainqueur, mais en vaincu. L'arrivée de Bonaparte fut brillante. La Noblesse et les principaux Citoyens étoient allés au-devant de lui, dans de magnifiques voitures; le Général étoit précédé d'un gros détachement d'infanterie, entouré de Hussards, et il marcha dans cet ordre jusqu'au Palais Archiducal, où il prit son logement. On y servit un dîner de deux eents couverts, et la fête se termina par un bal, où les Dames Milanoises parurent avec les couleurs Françoises. A l'approche de l'ennemi, l'Archiduc s'étoit retiré; et aussitôt son départ, on avoit affiché au Palais un avis portant : *Maison à louer*; *les clefs chez le Commissaire Salicetti.*

Le 22 Septembre, fut célébré, sur la grande Place, l'établissement de la République Françoise, et on planta un arbre de la liberté, plus pompeux que le premier : au fond de la Place, on avoit élevé un temple avec la statue de la Liberté. Cette Déesse se montra elle-même, vêtue à la Grecque, agitant un drapeau tricolor, et montée sur un superbe char de triomphe, que traînoient six beaux chevaux.

Milan a plus de deux lieues de tour, en y comprenant la Citadelle, et on y compte soixante Paroisses, près de cent Couvents, deux cent mille Habitants. On regrette qu'une ville de cette conséquence soit bâtie au milieu des terres, sans rivières qui l'arrosent, et facilitent le Commerce; ce défaut est foiblement réparé par des canaux tirés de l'Adda et du Tésin. Voici ce qu'Ausonne a dit de cette Cité, au quatrième siècle :

« Mira. . . . . . copia rerum,
» Innumeræ cultæque domus; facunda virorum
» Ingenia; antiqui mores ».

Ces vers ont l'air faits tout récemment; tant ce qu'ils expriment est conforme à la vérité.

Je n'arrivai à la Cathédrale qu'en perçant une foule de soldats François et Cisalpins; ils en remplissoient le Parvis, place très-vaste, qui offriroit un coup-d'œil imposant, si le portail de l'Eglise avoit été achevé sur le plan du premier Architecte. Le vaisseau a quatre cent quarante-neuf pieds de long, cent quatre-vingt de large, deux cent trente-huit de haut sous la Coupole. Cet immense édifice, qui le céderoit à peine à Saint-Pierre de Rome, s'il étoit terminé, fut commencé en 1388, par les ordres de Jean-Galeas-Visconti, le plus célèbre des Ducs de cette Dynastie. Plus de deux mille statues servent à le décorer, tant en dehors qu'en dedans, et on continue à orner, jusqu'au dessus des toits, des parties que personne ne distingue. On ajoute de minces éguilles, des bas-reliefs; mais, faute de fonds, on travaille si lentement, que les ouvriers sont obligés de se partager entre le double soin d'embellir un côté et de réparer l'autre, où la vétusté imprime ses outrages.

L'intérieur est Gothique. Près du chœur, est la Chapelle souterraine où repose dans une châsse d'argent, le corps de Saint Charles-Borromée, mort en 1584. Sa tête est à découvert; elle est noire et desséchée.

Au-dessus du Grand-Autel, est le *Sacro chiodo*, un des *Clous* de la Passion, dont Constantin avoit fait faire le mords de son cheval, et que Théodose donna à l'Eglise de Milan. --- Près de la Sacristie, se voit une statue de Saint Barthélemi écorché, qui est très-estimée pour la grande vérité de la Miologie,

logie. Sur le piédestal, on lit cette inscription :

« Non me Praxiteles, sed Marcus finxit » Agrati ».

Ce fut Saint Barnabé qui porta la lumière de l'Evangile à Milan, et cette semence y a fructifié abondamment, grâce aux vertus des Prélats illustres qui ont gouverné cette Eglise. Quels exemples édifiants n'ont pas donné les Charles-Boromée, les Ambroise ! Par respect pour ce dernier, on conserve à la Cathédrale le *rit* de son nom; on baptise par immersion ; le Carême commence cinq jours plus tard que le nôtre ; l'Office de la Semaine-Sainte est plus long et autrement distribué ; les prières et les cérémonies de la Messe offrent pareillement des différences très-marquées.

On prétend que l'Eglise qui porte le nom de Saint-Ambroise, est celle dont cet Evêque interdit l'entrée à Théodose, après le massacre de Thessalonique ; d'autres soutiennent que cet évènement célèbre eut lieu à l'Eglise de Saint-Victor. A côté de la première, est un Couvent magnifique, que les besoins de l'armée ont converti en Hôpital ; et dans le jardin de cette Maison Religieuse, est une Chapelle, bâtie à l'endroit même où l'on assure que Saint Augustin trouva le livre qui détermina sa conversion, quand il entendit une voix lui dire : *Tolle et lege.* (Prenez et lisez.)

La Bibliothèque Ambroisienne est un établissement superbe, dont on a l'obligation au Cardinal Frédéric - Boromée, Archevêque de Milan, neveu de Saint-Charles ; elle renferme au delà de soixante mille volumes, et de seize mille manuscrits ; et l'entrée en est libre à quiconque est curieux de s'instruire. On y trouve une riche collection de médailles antiques, d'ouvrages de peinture, de sculpture ; envain y chercheroit - on aujourd'hui le Carton de l'Ecole d'Athènes, par Raphaël ; la Vierge de Rubens, le Soldat et le Vieillard du Calabrèse, ainsi que le Manuscrit des Antiquités de Joseph, traduites par Rufin. Ces monuments sont à Paris. Malgré ces pertes, ce Muséum possède encore plusieurs raretés, entr'autres quelques tableaux de *Leonardo del Vinci*, Peintre, Sculpteur, Architecte, Mathématicien et Poète. Cet Artiste étoit fort estimé de François I, et dans sa vieillesse recevoit de fréquentes visites de ce Prince. Il mourut, en 1518, à Fontainebleau, au moment que le Restaurateur des Arts le soutenoit, pour lui faire prendre un bouillon. Le Monarque parut inconsolable; et ses courtisans, qui sans doute étoient moins affligés, lui en marquant leur surprise, il leur dit : *Je puis tous les jours faire de grands Seigneurs, et Dieu seul peut faire l'homme que je viens de perdre.*

L'ex-Palais Archiducal est un édifice vaste et antique, occupé par le Directoire. Le Théâtre, qui lui est contigu, est un carré-long, forme peu favorable à la voix et à la perspective; mais cet inconvénient est ici, comme presque dans toutes les autres villes d'Italie, sans conséquence et ne peut pas être la matière d'un regret, puisque le spectacle n'est qu'un simple rendez-vous. Les Loges sont des lieux d'assemblée, où l'on joue, on soupe, on reçoit des visites; souvent on les ferme, pour être plus libre, ou pour ne pas troubler la scène par trop de bruit.

Il est encore d'autres bâtiments dont la magnificence répond à l'idée d'une Capitale, comme le Séminaire, le Grand-Hôpital, le Lazareth sur-tout, auquel on donne deux cent trois toises de long, sur cent quatre-vingt-dix-sept de large.

La plûpart de ces établissements sont dûs au zèle et à la charité de Saint Charles, qui a prouvé que la Religion est la véritable mère, la source la plus pure de l'humanité.

Parmi les hommes illustres, nés à Milan, on peut faire honneur de ce titre à Valère-Maxime et au Jurisconsulte Alciat.

Quant au moral des Habitants, il me sieroit mal de prononcer sur un article si important, après un séjour aussi court. Selon ce qu'on dit, dans cette ville, ainsi qu'en bien d'autres pays, l'asyle de la vertu est la classe la plus humble de la société : elle n'a pas la hardiesse de pénétrer les palais ; elle s'y endormiroit au milieu des mœurs efféminées. Pourroit-elle d'ailleurs soutenir les regards de ces effrontés, qui bravent si ouvertement l'honnêteté, de ces Sigisbés, dont le nombre est aussi grand que leur rôle est odieux ? En vain veut-on donner un air d'innocence à cette République galante, quand on considère que ces Chevaliers-Servants ne se consacrent qu'à la Jeunesse. Ecoutez l'auteur des *Lettres Critiques*, qui connoissoit si bien ces courtisans de la beauté. « La » servitù esigge gratitudine ; l'assiduità

» produce confidenza ; e la gratitudine
» e la confidenza partoriscono amore.
» Ciò che sappia fare questa bestia, è
» noto ad ognuno ».

Par-tout il est vrai qu'il ne faut pas se fier aux faiseurs de compliments ; mais ce principe n'est nulle part aussi vrai qu'en Italie, dont les habitants peuvent être appelés

« Des obligeants donneurs d'inutiles paroles
» Qui de civilités avec tous font combat,
» Et traitent du même air l'honnête homme et le fat.

MOLIÈRE, *Misantrope.*

On prodigue dans ce pays les titres sans réserve, et à mesure qu'on avance dans l'intérieur, le cérémonial augmente. En Lombardie, on se contente de répondre, *Signor, sì ; Padron, sì ;* à Venise, on vous régale d'un *Per servirla ;* à Florence, on vous traite d'*Illustrissimo ;* à Naples et en Sicile, on vous dit fort gracieusement *Eccellenza, sì.*

Dans la conversation ordinaire, on se sert de la troisième personne du singulier, *Lei* ou *Ella*, et ce pronom peut signifier, *Sua Signoria* ou *Sua Eccellenza :* on laisse à l'amour-propre à en fixer le sens. On a reproché aux Allemands une manie ridicule dans les dénominations; il me semble pourtant que cette affectation tombe plutôt sur l'espèce des titres que sur leur multiplicité. Ils examinent avec une attention scrupuleuse, si l'adresse d'une lettre porte le *Hochgebohren* ou le *Wohlgebohren*; mais les Italiens ont outré cette bizarrerie; et s'ils n'avoient pris le parti d'écrire leurs titres en abrégé, souvent après avoir chargé le papier des *Ill.mo Sig.r e Pad.re colend.mo* etc..... il ne resteroit plus assez de place pour mettre le nom de la ville où demeure ce trois ou quatre fois illustre personnage. Ce Monseigneurisé n'est la plûpart du temps qu'un artisan; et on ne s'en douteroit pas chez lui, quand on entend ses enfants lui dire : *Signor padre*.... Bientôt, les Gentilshommes seront obligés de renoncer à toute qualité, pour n'être pas confondus avec leurs domestiques, qui rougissent du nom de *Messer*, dont les Cardinaux s'honoroient au quatrième siècle, et les Nobles dans les temps postérieurs.

Autre singularité. Quand je compare les dialectes des diverses provinces que j'ai traversées, je vois que le langage vraiment Italien n'est que dans la bouche des Toscans et des Romains. A Venise, on distingue sept jargons; jugez de l'embarras d'un étranger dans cette tour de Babel, où le Florentin lui-même seroit étourdi! Quiconque, en parcourant l'Italie, entendra dire: *Ju*, *Jo*, *Jſ*, *Au*, *Yo*, *En*, ne soupçonnera pas que ces monosyllabes signifient, *Avete*? Avez-vous? Si on rassembloit un paysan du Frioul, un Milanois, un Piémontois, un Calabrois, un Sicilien, tous ces gens seroient inintelligibles l'un pour l'autre, et donneroient la comédie la plus divertissante.

La Syncope des mots est en général assez fréquente, de façon que *Signor sì* devient *Gnorsì* à Naples et *Siorsì* à Venise. A Milan, *Pane bianco* se réduit à *Pan bianc*. . . .

Ne diroit-on pas, d'après la prolixité de ma lettre, que je ne puis m'arracher à l'Italie? Ou plutôt, n'ai-je pas l'air d'avoir oublié le précepte tracé par Boileau dans son Code du bon goût?

« Qui ne sait se borner, ne sut jamais écrire ».

Art poëtique.

J'avoue que je sors avec peine de

cette contrée enchantée, mais le souvenir de ses beautés magiques me suivra par-tout. J'aspire au moment où je serai rendu à moi-même, pour m'occuper encore de ce qui m'a frappé depuis quelques années. Alors je dirai :

« Dans la tranquillité d'un loisir studieux,
» Je repasse en esprit ce que j'ai vu des yeux.
» Dans cent climats divers présent par la pensée,
» Mon plaisir dure encor, quand ma peine est passée ».

Les voyageurs qui visiteront désormais ce pays, regretteront sans doute de n'y plus trouver une partie de ses anciens trésors ; le tribut forcé que l'Italie a payé à ses vainqueurs, l'a privée d'un bon nombre de ses Chefs-d'œuvre. On n'ira plus à Rome étudier l'art d'animer la toile, et de faire respirer le marbre ; les meilleurs modèles attireront les curieux à Paris : au reste les François n'ont fait que prévenir les Anglois, qui échangeoient l'or du Gange contre les monuments rares et précieux, dont les bords du Tybre étoient ornés. Quel homme, avide de s'instruire, n'aimera pas mieux aller les revoir sur les rives de la Seine, que sur celles de la Tamise ?

Adieu donc, Italie, charmante Région ! Puisses-tu, après les scènes sanglantes dont tu fus le théâtre, jouir d'un long repos ? Puissent les orages, qui semblent encore te menacer, se dissiper enfin, et ne plus porter l'alarme dans tes Provinces ?

« O Paix, tranquille Paix, secourable immortelle,
» Fille de l'harmonie, et mère des plaisirs !
» Que fais-tu dans les cieux, tandis que de Cybelle
» Les sujets désolés t'adressent leurs soupirs ? »

ROUSSEAU, Ode à la Paix.

Vous voyez que je termine mon Epître par des vœux pour un calme universel. Le monde en effet, n'en a-t-il point un besoin urgent ? Et à quel pays, entr'autres, est-il plus nécessaire, qu'à celui que je quitte ? Ses malheurs naissent de sa richesse même ; moins comblé des dons de la nature, il seroit moins convoité, moins foulé par les armées des Princes,

« O superbe, ô triste Italie,
» Que tu plains ta fécondité !
» Sous les débris ensevelie,
» Que tu déplores ta beauté !
» Je vois tes moissons dévorées
» Par les Nations conjurées ».

VOLTAIRE, Ode à la Paix.

LETTRE DE MALFILLATRE

AU C.en VIELLART, A PARIS.

De Constance, 10 *Novembre* — 98.

Mon cher Oncle,

AUSSITÔT mon arrivée, je courus à la Poste y chercher ce que vous m'aviez promis : j'y trouvai votre lettre, mais rien de plus; et je fus aussi affligé que surpris, de ne voir aucun des papiers que vous aviez dit m'être nécessaires. Vous m'engagez à prendre patience, à ne pas me rebuter de la lenteur ordinaire et inévitable des Grands Bureaux. Non, je ne perds pas courage; néanmoins, qu'il me soit permis de gémir, de ce que le moment de vous revoir, ainsi que mes parents, soit encore différé. J'attendrai aux frontières, qu'elles s'ouvrent à mes désirs, sûr que vous ne négligerez rien, pour accélérer la levée des obstacles.

« En unquàm patrios, longo post tempore, fines,
» Post aliquot, mea regna videns, mirabor, aristas » ?

VIRG. Eglog. I.

Vous aurez reçu la lettre que je vous ai écrite de Milan; * le passage des Alpes Rhétiennes terminera le récit de mon voyage de Malthe en Allemagne... A Cosme, où nous ne restâmes que quelques heures, nous nous embarquâmes sur le lac de ce nom: il est resserré dans presque toutes sa longueur par des montagnes. Deux lieues au delà de son extrémité septentrionale, nous trouvâmes Chiavena, petite ville de la Valteline, dont nous vîmes les Habitants consternés. L'alarme s'étoit répandue parmi eux, à l'arrivée subite des troupes Autrichiennes chez les Grisons. J'écoutai leurs plaintes, avec intérêt sans doute, parce que les chagrins d'autrui ne doivent pas nous être indifférents; mais cette nouvelle fit une impression plus vive encore sur mon esprit, quand je sus qu'elle me regardoit personnellement. L'entrée des Grisons étoit, di-

* Cette Lettre n'a pas été insérée dans ce Recueil.

soit - on , sévèrement interdite à tout étranger, et spécialement aux François et aux Suisses. Je tâchai de me faire illusion , en me persuadant que les difficultés qu'on me faisoit entrevoir , ou n'existoient point , ou s'applaniroient..... Nous prîmes des chevaux accoutumés à franchir, sans broncher, l'espace pénible qui nous séparoit de la Germanie. Depuis le matin jusqu'à quatre heures du soir , nous gravîmes, à pas lents, le mont *Spluga* ; c'est la partie Orientale du Saint-Gothard. Le sentier pratiqué dans le flanc de la montagne , est un véritable escalier, de trois pieds de largeur, qui se replie continuellement sur lui-même en zigzag. Le chemin qu'on fait est presque nul pour la distance ; on s'élève beaucoup, on avance peu. D'un côté, est le rocher à pic; de l'autre, un gouffre profond, dont les cavernes immenses retentissent du fracas des torrents qui s'y précipitent, de toutes parts, en cascades perpétuelles.

« Droite et roide est la côte et le sentier étroit »,

auroit dit Chapelain, en mauvais vers...! Enfin, après neuf heures de tours et de détours dans cette route escarpée, nous atteignîmes

« De

« De ce sourcilleux roc l'inébranlable cîme ».

Voilà encore du Chapelain ! Cette cîme est une belle plate-forme, dont la partie Occidentale sert d'assiette à une autre montagne cachée sous des frimats qui ne fondent jamais. Assez près delà, est une Hôtellerie, un Lac, et tout autour, des pâturages médiocrement verds ; ainsi, j'avois sous les yeux le spectacle de l'automne, et tout à la fois, l'image ou plutôt la réalité de l'Hyver.

« Vous y voyez empreints Dieu, l'homme et la nature,
» La nature, tantôt riante en tous ses traits,
» De verdure et de fleurs égayant ses attraits ;
» Tantôt mâle, âpre et forte, et dédaignant les grâces,
» Fière, et du vieux cahos gardant encor les traces.
» Ici, modeste encore au sortir du berceau,
» Glisse en minces filets un timide ruisseau ;
» Là, s'élance, en grondant, la cascade écumante ;
» Là, le Zéphir caresse, ou l'Aquilon tourmente. . . «
» Vous y voyez unis des Volcans, des Vergers,
» Et l'Echo du tonnerre, et l'Echo des Bergers ;
» Ici, de frais Vallons, une terre féconde,
» Là, des rocs décharnés, vieux ossements du monde ;
» A leur pied le printemps, sur leur front les hyvers ».

DELILLE.

Depuis Chiavena, j'avois fait trois lieues en montant ; il me restoit à descendre l'espace de deux lieues, pour arriver au bas de la *Spluga*, du côté de l'Allemagne. Cette partie de la montagne, exposée au Nord, étoit incrustée d'une épaisse couche de neige, aussi ancienne que le sol qu'elle couvre. Nous mîmes pied à terre, et à force de précautions, nous parvînmes à la racine du rocher. Là, nous rencontrâmes un petit ruisseau, qui s'enfuyoit avec bruit. Si on ne m'eût averti, je l'aurois à peine remarqué.... C'étoit le Rhin, qui venoit de naître.... Cet enfant du Mont-Adule est terrible dès sa naissance; ce fleuve, qui doit arroser la plus belle portion de l'Europe, semble pressentir dès-lors la glorieuse destinée de son cours.

« Au pied du Mont-Adule, entre mille roseaux,
» Le Rhin tranquile et fier du progrès de ses eaux,
» Appuyé d'une main sur son urne penchante,
» Dormoit au bruit flatteur de son onde naissante ».

Boileau. Epît. IV.

Je ne sais si le Poète ne lui a pas donné des *roseaux* pour la rime; au reste, je ne lui en ai pas vu. Le Dieu ne s'est pas non plus montré à mes yeux. S'il a regardé comme un affront si flétrissant pour lui, l'expédition de

Louis XIV, que doit-il penser aujourd'hui, qu'il se voit réduit au sort de l'Escaut? Car l'un et l'autre,

« . . . . . . En deux mois,
» Ont appris à couler sous de nouvelles loix ».

Ibid.

Mais sérieusement, songeroit-il encore à disputer ses bords aux François? Seroit-ce pour les défendre que se sont rassemblées ces troupes que nous vîmes chez les Rhêtes? Un poste Autrichien occupoit le village de Spluga, où nous passâmes la nuit. Le lendemain, jusqu'à midi, nous côtoyâmes deux énormes montagnes presque verticales, dont les bâses plongeoient dans un abyme profond, mais resserré, qui sert de lit au Rhin. Ce Fleuve croît subitement. Il ne coule point, il roule, il se précipite à travers des masses de pierres; se plonge, à gros bouillons, dans les entrailles de la terre, reparoît tout-à-coup, pour bondir de rocher en rocher, heurtant tout ce qui gêne sa fougue. Souvent, le sentier nous manquant sur une montagne, il fallut descendre jusques dans le Vallon, franchir l'onde furieuse, pour gagner le côté opposé. Le dernier de ces déplacements alternatifs se fait d'une manière abrégée. . . . On se trouve au sommet d'une montagne perpendiculaire. . . . Plus de chemin. . . . Là, une main aussi audacieuse qu'habile, a placé, de la crête d'un rocher sur son vis-à-vis, une arche d'une ouverture à faire trembler, et qui forme un des ponts les plus hardis qui puissent exister. Sur ce pont aërien, je n'abaissois qu'en frémissant mes regards vers le Rhin, qui rouloit avec fracas à plus de cinquante toises sous mes pieds. Ces Alpes ne finissoient point; elles sembloient vouloir me tenir toujours suspendu dans les nues, et y alimenter sans cesse mon étonnement; car l'esprit ne peut y être oisif.

« Non, jamais, au milieu de ces grands phénomènes,
» De ces tableaux touchants, de ces terribles scènes,
» L'imagination ne laisse dans ces lieux
» Ou languir la pensée, ou reposer les yeux ».

DELILLE.

En me voyant ainsi loin de vous et de mon pays, au milieu de ces horreurs, ne me dites-vous pas avec Virgile?

« Tu procùl a patriâ . . . . .
» Alpinas, ah dura! nives et frigora Rheni,
» Me sine. . . . . vides » !

Egl. X.

« Près des Alpes. . . . . aux bords glacés du Rhin,
» . . . . . Et loin de ta patrie,
» Des fougueux Aquilons tu braves la furie ».

Traduction de Gresset.

Après avoir erré de précipice en précipice à travers ces monts, où la main du temps a tracé les Annales du Monde, nous vinmes à Thusis. Enfin, dans ces environs, le sol s'applanit ; un air plus pur circule avec plus de liberté, et la nature mêle à son tableau agreste quelques traits riants. Vous savez que le Rhin à deux sources principales, d'où lui est venu le nom de *Bicornis* ; je les vis se réunir, une lieue avant Coire. Il étoit nuit, quand j'entrai dans cette ville, croyant encore appercevoir d'effroyables masses de pierres se courber sur ma tête. J'étois d'ailleurs tellement excédé de fatigue, qu'il me fallut céder au mal pour quelque temps.

Je me remis bientôt, mais ce fut pour retomber dans une inquiétude assez vive. Elle n'étoit que trop vraie ; la nouvelle qui nous avoit épouvantés à Chiavena. Point de passage à espérer pour tout ce qui portoit le nom de François ou de Suisse ; et trois jeunes gens de cette nation, qui faisoient route avec nous, se trouvoient pareillement arrêtés, bien qu'ils n'eussent que le Rhin à traverser pour gagner leurs foyers. Nous nous présentâmes chez M. le Commandant Autrichien ; il ne daigna nous répondre que pour nous renvoyer à M. l'Ambassadeur. Ce Ministre remit cette grande affaire à la décision du Commandant ; mais cet Officier toujours inflexible, fut sourd à la seconde requête, comme il l'avoit été à la première. Quel parti prendre ? Tourner les sources du Rhin, pour percer, par la Suisse jusqu'à Constance ? Mon passe-port me prescrivoit un autre itinéraire. Arriver en Allemagne par des sentiers détournés? Ce n'est point dans un pays hérissé d'horreurs qu'on peut s'écarter des chemins frayés ; ces expédients n'étoient pas praticables, et heureusement nous n'y fûmes point réduits. Devinez ce qui nous tira de ce mauvais pas. Uu beau *Thaler*, tout fraîchement sorti du Coin, glissé dans la main du Valet-de-Chambre du Commandant, fit toute l'affaire. Il entra un instant chez son maître, et nous rapporta notre transit bien en règle. . . . Il falloit à Philippe un mulet chargé d'or, pour se faire ouvrir les portes d'une ville, et il ne nous en coûta que quelques *Kreutzers*, pour vaincre un Officier Autrichien, et pénétrer dans l'Allemagne.

Satisfaits d'être quittes à si bon marché, nous donnâmes quelques moments à parcourir la Capitale des Rhètes. Cette ville est partagée en deux ; la plus grande est Calviniste ; l'Evêque, son Clergé et les Catholiques habitent dans l'autre. Je ne remarquai dans la Cathédrale qu'une simplicité décente ; tout y est pour la piété, rien pour la curiosité. J'avois toujours cru que le nom de *Grisons* venoit de ce que les Auteurs de cette Confédération portoient de longues barbes grises ; mais les Savants, à qui les Etymologies trop vulgaires ne plaisent pas, prétendent que cette dénomination n'est qu'une corruption du mot *Rhœtia* prononcé avec une aspiration, ou un G. Vous paierez-vous, mon cher Oncle, de cette raison-là ?

Les Grisons se liguèrent entr'eux en 1470, et s'allièrent aux Suisses en 1491 ;

leur pays est bien peuplé, quoiqu'au cœur des Alpes, et a trente-cinq lieues de long. Comme les Suisses, ils ont leurs sujets, les Comtés de Bormio, de Chiavena et la Valteline. Ces trois Cantons, presque totalement Catholiques, sont très-riches en Habitants, et on y compte jusqu'à deux cents paroisses. La Valteline est unie aujourd'hui à la République Cisalpine.

Tous ces environs sont fertiles en excellents vins, dont Virgile faisoit cas:

« . . . . . Quo te carmine dicam,
» Rhætica » ?

GEORG. LIV. II.

« Rhétie, on vante au loin tes vins délicieux » !

DELILLE.

Munis du *Visa* Autrichien, nous continuâmes notre route par Feldkirch, et nous trouvâmes les chemins couverts de troupes Impériales, qui s'avançoient dans l'intérieur des Alpes, pour gagner l'Italie. Ah ! tout cet appareil annonce une rupture prochaine.

« . . . . . Bella, horrida bella,
» Et Tybrym multo spumantem sanguine cerno ».

ÆN. VI.

Arrivés à Fussac, nous nous jettâmes dans un bateau, pour traverser une partie du Lac de Constance, et débarquer à Lindau. Cette petite ville est dans une Isle qui tient au Continent par un pont de bois assez long. Encore là, une défense expresse à tout François de séjourner. Nous éludâmes la loi, en parlant Italien : on nous prit pour des Etrangers de delà des Monts, et nous ne fûmes pas inquiétés.

Enfin, nous côtoyâmes le lac jusqu'à Mœrsbourg, et après l'avoir passé dans sa largeur, nous entrâmes dans Constance. Mon premier moment de loisir dans cette ville, a été consacré à visiter la Salle où s'est tenu le Concile de 1414 et 1415, pour l'extinction du grand schisme d'Occident. C'est aujourd'hui une vaste place misérablement entretenue : on nous y montra les fauteuils où furent assis le Pape Jean XXIII, et l'Empereur Sigismond ; ils pouvoient être magnifiques alors : maintenant ils ont perdu leur lustre. Mais l'antiquité, et plus encore la haute dignité des deux personnages, rend intéressant ce qui leur a appartenu..... On m'indiqua aussi l'endroit où périrent Jean Hus et Jérôme de Prague.

M. Anot, qui m'a accompagné jusqu'ici, ne tardera pas à me quitter, pour se rendre à Ratisbonne, où il compte se fixer. Hâtez, je vous prie, mon retour; car

« L'absence est le plus grand des maux ».

LA FONT.

DU MEME A M.r ANOT, A RATISBONNE.

De Constance, 26 *Décembre* --- 98.

« . . . . En pleurant, ils se dirent adieu ».

LA FONT. Liv. IX. f. 2.

MON cœur saigne encore. . . . Sa plaie n'est pas guérie ; cette plaie profonde que notre séparation lui a faite. . . . Vous ne voudriez pas que je vous rappellasse sept années de soins, d'attentions et d'instruction ; mais rien ne peut m'empêcher de repasser en moi-même tout ce que je vous dois, et cette idée, en ranimant ma reconnoissance, renouvelle ma douleur et mes regrets. Ne pouvions-nous pas, ou vous me suivre en France, ou moi m'enfoncer avec vous en Allemagne ?

Qu'il a été cruel pour moi, le moment où je vous ai perdu ! Ce n'est pas-là une de ces impressions que le temps efface ; et je serois inconsolable, si je ne me flattois de cette pensée séduisante, que je vais vous préparer la voie dans notre patrie, et que vous viendrez bientôt me rejoindre. Je sens plus vivement que jamais combien vous êtes nécessaire à mon existence.

« Friendship ! mysterious cement of the soul,
» Sweet'ner of life, and solder of society ;
» I owe thee much. Thou hast deserv'd from me
» Far, far beyond what I can ever pay ».

Blair's Grave.

Je m'ennuie à Constance, quelque peuplée que soit cette ville ; vous n'êtes plus près de moi, et ce grand monde n'est pour moi qu'un grand vide. . . . Point de nouvelles de Paris ; c'est-à-dire, rien de satisfaisant. On me fait toujours espérer mon retour comme prochain, et très-prochain ; toutefois, je suis réduit à soupirer et à languir. Mes yeux se tournent sans cesse vers la France.

« Amour de nos foyers, quelle est votre puissance,
« Quels lieux sont préférés aux lieux de la naissance » ?

✿

LETTRE DE M. ANOT

A Mr MALFILLATRE, A CONSTANCE.

De Ratisbonne, 10 Janvier 1799.

VOTRE lettre, mon cher Ami, ne m'a pas trouvé à Ratisbonne ; j'étois allé faire un tour à Munich, où quelques affaires importantes m'avoient appelé, et voilà pourquoi ma réponse vous paroîtra tardive. J'en suis fâché ; vous aurez pu soupçonner que l'absence avoit refroidi mon amitié pour vous. . . . Mais non ; vous n'auriez jamais le courage de porter un jugement qui me seroit aussi défavorable. Vous savez qu'il a fallu tout l'empire des circonstances actuelles pour me détacher de vous ; et j'aurois différé à le faire, si j'avois pu prévoir que votre départ pour la France dût souffrir des difficultés. Je me reproche même d'avoir précipité notre séparation ; cette idée m'afflige, et ma peine est sincère, n'ayant que le Ciel pour témoin :

« Ille dolet verè, qui sine teste dolet ».

MARTIAL.

Au

Au moins, si quelqu'accident ne vous permettoit pas de revoir notre pays sitôt qu'on vous le promet, venez me retrouver, et nous nous consolerons ensemble de cette nouvelle épreuve.

En vous quittant, j'ai pris la route d'Ulm; mais j'avois l'esprit encore trop occupé de mes derniers adieux, pour être capable de rien considérer de ce qui m'entouroit. Je ne crois pas avoir beaucoup perdu.

Ulm, assez grand, est mal bâti. D'après le conseil du Général Mack, l'Empire vient de dépenser trois millions à le fortifier: on l'a environné d'un triple fossé, et défendu par plusieurs redoutes montées d'une artillerie nombreuse. Une barque qui descendoit le Danube jusqu'à Vienne, m'a servi à gagner Ratisbonne; et j'ai vu, en passant, les villes assez insignifiantes de DonaWeert et d'Ingolstadt. Nous ne sommes plus en Italie, ou les petits endroits même contenoient de grandes beautés; mais, si les bourgades de la Bavière sont stériles en curiosités, leurs environs sont très-féconds en souvenirs sanglants, et les bords du Danube sont couverts de bien des cadavres. . . . Rappellez-vous cette guerre, qui, par une suite de victoires, amena

Gustave-Adolphe dans le Midi de l'Allemagne, qu'il désola en 1632. Munich est pris d'assaut, et ne se rachete du pillage qu'en payant au vainqueur trois cent mille *Rixdalers*. L'Electeur Maximilien et le Général Autrichien Walstein font pourtant reculer le Roi de Suède jusques sous le canon de Nuremberg : là, s'engage une action vive et les Suédois sont vaincus, avec perte de cinq mille hommes. Gustave court un grand danger, et son casque est emporté par une balle de mousquet. C'est alors qu'il dit froidement : *Apparemment la poire n'étoit pas mûre*. On conserve à Ingolstadt les os du cheval que ce Prince montoit, et qui fut tué sous lui.

L'année 1645 fut encore funeste à ce pays. Turenne et Wrangel y ayant pénétré, le Duc ne se crut plus en sureté dans sa Capitale, et fut réduit à demander un asile à l'Archevêque de Saltzbourg, son ennemi. Cependant, l'Electorat n'offroit à ses voisins qu'un spectacle lamentable des maux de la guerre ; on ne voyoit que des débris, des campagnes désolées, des paysans fugitifs, des villages abandonnés....... Dans le même temps, se donna la bataille de Nordlingue, à l'Ouest de Donaweert, où Turenne et Condé défirent les Impériaux. Leur Général Merci et quatre mille soldats y périrent.

Dans la guerre de la Succession, en 1704, Malboroug et le Prince Eugène rendirent célèbres, par leurs exploits, les plaines de la Bavière. Ces deux Capitaines, voyant les François et les Bavarois retranchés dans un Camp près de Donawert, les y attaquèrent avec tant de vigueur, que de neuf escadrons et de vingt-un bataillons, peu de soldats se sauvèrent; le reste ayant péri dans la mêlée, ou s'étant noyé dans le Danube. L'Electeur se réfugia avec peine à Ausbourg; mais ce n'étoit là que le prélude de ses malheurs. Un mois après, voulant venger sa défaite, il unit ses troupes à celles du Maréchal de Tallard, pour se mesurer avec Eugène et Malboroug. J'ai couché à Hochstet, ce village près duquel se livra cette bataille meurtrière, dont les fastes des derniers siècles offrent peu d'exemples. Les François et les Bavarois perdirent quatorze mille cinq-cents hommes, outre quinze mille prisonniers. Vingt-sept bataillons et douze escadrons, engagés dans Hochstet, s'étoient rendus sans combat.

« . . . . . . Le grand Eugène, à ce fameux village
» Où Tallard et Marsin s'étoient très-mal postés,

» D'un effort général donna de tous côtés ;
» Il enfonça leur centre, il coupa leur armée,
» *Hochstet* vit des François l'audace désarmée :
» Quel nombre de captifs sur ce sanglant terrein !
» L'ennemi des Césars fuit jusqu'aux bords du Rhin.

FRÉDÉR. II. Art de la Guerre, Ch. VI.

Le Maréchal de Tallard, du nombre des prisonniers, parut devant Malboroug, qui n'oublia rien pour le consoler. *Cela n'empêche pas*, dit le Général François, *que votre Grandeur n'ait battu les meilleures troupes du monde....... Vous excepterez pourtant*, repartit le Duc, *celles qui les ont battues.* Cette journée désastreuse réduisit au silence les flatteurs de Louis XIV. Il n'étoit pas rare qu'on débutât dans les représentations des pièces de théâtre, par un Prologue, où l'encens n'étoit pas ménagé au Roi. Quelque temps après l'affaire d'Hochstet, un Anglois disoit à un Officier François : *Eh bien, Monsieur, fait-on encore des Prologues en France ?* Ce pays eut encore à souffrir au milieu de ce siècle, lorsque l'Electeur se fit couronner Empereur, sous le nom de Charles VII. Son Général Toerring ne put arrêter les troupes de Marie-Thérèse, et elles entrèrent dans la Bavière, qui demeura exposée à toutes les insultes des vainqueurs. Charles VII étoit alors à Francfort, sans argent, sans crédit; il eut la douleur d'apprendre que cinq mille ennemis s'étoient fait ouvrir les portes de sa Capitale. Ceci se passoit en 1742.

Les mêmes environs ont été occupés de nouveau par les François, ces dernières années; on m'a montré jusqu'où ils s'étoient avancés, et les plaines où le sang avoit coulé! Il coulera donc toujours le sang des Nations! Jettez les yeux sur cette Italie, dont nous sommes à peine sortis. Le feu de la guerre y est allumé. Le Roi de Sardaigne ne possède presque plus rien sur le Continent. Celui de Naples osera-t-il résister à ses ennemis? Se maintiendra-t-il dans Rome dont il est maître depuis quelques jours? Ici tout est tranquille; mais le passage des Impériaux est continuel : ils filent vers le Tyrol. Je ne voyois qu'eux sur la route de Munich, et dans Munich même. Le vieil Electeur ne vit presque plus; il est enseveli dans une léthargie, dont il est probable qu'il ne sortira jamais.

LETTRE DE MALFILLATRE

A SA SŒUR, A RHEIMS.

De Constance, 12 *Janvier* 1799.

TU soupires, ma chère Amie, après mon retour; tu comptes les jours, et le temps ne coule pas assez rapidement au gré de ton impatience. Ces expressions que je lis avec tant de plaisir dans la lettre que je viens de recevoir de toi; ces tendres sentiments, qui peignent si bien ton bon cœur, irritent mes désirs, sans me donner les moyens de les satisfaire. S'il ne falloit que des soupirs pour hâter l'envoi des papiers, dont le défaut seul me retient ici, il y a long-temps que je serois près de toi, ma bonne sœur, et nous n'en serions plus à nous tourmenter mutuellement par des vœux toujours répétés et jamais accomplis. Je commence même à douter qu'ils le soient sitôt. La guerre est certaine. L'Empereur veut de rechef tenter la fortune et essayer si le sort, qui a déjà trahi ses armes, voudra enfin les couronner. Mais n'aura-t-il pas de nouvelles défaites à déplorer? Les regrets seroient inutiles alors:

« . . . . Trop tard dans le naufrage,
» Confus on se repent d'avoir bravé l'orage ».

BOILEAU, Satyre XII.

Il ne me sera plus permis de rester ici, quand les armées s'ébranleront. Quelque proches qu'elles soient l'une de l'autre aujourd'hui, elles se respectent encore. Les François sont à la porte de Constance du côté de la Suisse; ils y entrent assez souvent, et fraternisent avec les habitants. Qu'on donne le signal, ces caractères, maintenant si pacifiques, vont revêtir le féroce courage et l'intrépide ardeur des lions. Qu'elle est dure, cette nécessité de s'entredéchirer, pour ramener la justice parmi les hommes et appaiser les querelles des peuples! J'écris à mon Oncle; je le presse; je l'avertis que si, dans quelques jours, je n'ai reçu ce qu'il n'a pu m'envoyer jusqu'à ce moment, je serai contraint de m'éloigner, pour ne pas être froissé par le choc aussi prochain qu'inévitable des deux armées.

LETTRE DU PRECEDENT

A M.r Anot, a Ratisbonne.

De Constance, 12 Février 1799.

Le bruit court dans la ville que tout Etranger va recevoir l'ordre d'en sortir. Ce n'est encore qu'un bruit, mais il est si fondé, que je regarde ma suite comme infaillible ; ce doute ne peut tomber que sur le jour, ou le moment. Il y a long-temps que je pressentois ce désagrément.. Mes papiers ne sont pas arrivés.... Me voici obligé de me rejetter en arrière.

« Nec mihi jàm patriam antiquam spes ulla videndi,
» . . . . exoptatumque parentem ».

Æn. II.

P. S. J'avois à dessein différé de fermer ma lettre, en supposant que j'aurois à y ajouter, et je ne me suis point trompé...... L'ordre d'évacuer la ville est signifié. Je m'y attendois.... De mes fenêtres, je vois les mouvements de ces nombreux bataillons, que la Suisse recèle dans son sein. Elle va les produire. Tout sort de son immobilité. L'équilibre va se rompre..... Qui sait en faveur de quel parti le hazard des combats fera pencher la balance? Ah! si l'impitoyable Dieu de la guerre se montroit à moi, de quel air courroucé ne lui dirois-je pas?

« Tigre, à qui la pitié ne peut se faire entendre,
» Tu n'aimes que le meurtre et les embrasements;
» Les remparts abattus, les palais mis en cendre,
» Sont de ta cruauté les plus doux monuments ».

ROUSSEAU, Ode à la Paix.

Je ne délibère pas sur le lieu de ma retraite; je cours vous embrasser, mais comment m'échapper à travers les neiges? J'ai devant moi un Lac; point de barques pour le passer, point de voitures pour le tourner.

DU MEME AU MEME.

D'Ausbourg, 18 *Mars* 1799.

« A raconter ses maux, souvent on les soulage ».

CORNEILLE.

NON, jamais voyage n'a été plus pénible pour moi ! Nous avions fait route à pied, en voiture ; nous avions descendu l'Adige sur une *Zatta*, remonté le Pô dans une barque, fait le trajet de Livourne à Malthe sur une espéronare, et celui de Malthe à Livourne sur un bâtiment. Restoit une autre manière d'aller, l'unique que je pusse employer pour sortir de Constance, c'étoit le traineau : non pas un de ces traineaux pompeux, que nous vîmes jadis à Anvers servir de spectacle, et ramener les plaisirs au milieu des froids rigoureux de l'hyver. Ma course n'avoit rien de cette magnificence. Je franchissois, en tremblant, de longs tas de glace..... Le dégel, pour comble d'embarras, survint très-mal-à-propos ; et la neige s'affaissant sous moi, je m'abymois à chaque instant dans des étangs de boue. Ajoutez à cette marche laborieuse une pluie pénétrante, dont je ne perdis pas une goutte; vous aurez une idée du déluge où j'ai failli demeurer enseveli. Mille fois, j'ai regretté les Alpes, leurs sommets orgueilleux, leurs gouffres, leurs torrents..... J'ai vu Stockach et Biberach. Ce dernier endroit est connu par la belle retraite de Moreau, et encore par la perte qu'y a essuyée l'armée de Condé. Je n'ai pas été plus que vous satisfait de la ville d'Ulm; mais, moins heureux que vous ne l'avez été, je n'ai point trouvé de bateau prêt à descendre le Danube. Ce fleuve n'étoit point navigable; il rouloit avec effort les eaux fangeuses que son lit pouvoit à peine contenir :

« Turbidus et torquens flaventes Ister Arenas ».

GÉORG. III.

J'ai donc été forcé de rabattre sur Ausbourg, où je suis pour quelques jours. Cette place fourmille d'Autrichiens. Le Prince Charles a quitté le Quartier-Général de Friedberg; il est ici aujourd'hui, et je l'ai apperçu au moment qu'il passoit en revue les troupes qui défilent vers le Rhin, où doivent se donner les grands coups. L'Electeur de Trêves étoit à côté de l'Archiduc......

« Non comincia mai Fortuna per poco,
» Quando un mortal si piglia a scherno e gioco ».

ORLANDO FURIOSO. Cant. VIII. S. 50.

Je suis de l'avis de l'Arioste dans ce moment. Chassé de Constance, il m'est défendu de rester à Ausbourg, et la Bavière est fermée aux François. De mille et un expédients que j'ai imaginés pour y percer, aucun n'a été praticable. Cependant, je ne me rebute pas; et si un *Thaler* m'a tiré des gorges du Tyrol, il faudra moins sans doute pour pénétrer dans Ratisbonne. Un bon nombre d'habitants de la ville où je suis, doivent aller dans quelque temps à un Bourg de Bavière, à l'occasion d'une Fête religieuse; je me confondrai avec les Pélerins, pour n'être pas reconnu comme voyageur : ceux qui m'ont suggéré ce moyen, m'en garantissent le succès.

LETTRE DE M.r ANOT

A MALFILLATRE, A AUSBOURG.

De Ratisbonne, 22 *Mars* 1799.

JE n'ai été occupé que de vous, depuis votre fuite des frontières de France. Je vous voyois aux prises avec le sort, et luttant contre les Élémens. Vous pouvez être sûr que je vous ai plains, mais sans jamais vous avoir cru capable du moindre murmure. Votre résignation aux décrets de la Providence m'est connue. Elle vous a toujours mis au-dessus des évènements...... Et d'ailleurs, n'êtes-vous pas celui qui a bravé la mer et ses monstres, avec ses écueils ?

« Peu de maux sont pareils aux nôtres,
» Mais nous en avons eu bien d'autres ;
» Et peut-être qu'ils finiront,
» Quand les Dieux se raviseront.
» Nous sommes sortant de Sicile,
» De Carybde tombés en Scylle ;
» C'est tomber de fièvre en chaud mal... ;
» Mais l'homme de cœur tout surmonte,

» Un jour que nous ferons le conte
» De tant de beaux combats rendus,
» Nous rirons comme des perdus.....
» Je gage que le Juif errant
» N'a pas fait un plus long voyage ;
» Mais il faut avoir bon courage ».

VIRG. travesti. Liv. I.

« Forsan et hæc olim meminisse juvabit.

ÆN. I.

A vos *mille et un* expédients imaginés sans succès, ajoutez-en un qui puisse enfin vous transporter près de moi. Je vous attends avec l'impatience de l'amitié, c'est-à-dire, celle qui fait paroître les moments les plus longs.

LETTRE DE M.r MALFILLATRE

A SA MÈRE, A REIMS.

De Ratisbonne, 10 *Juin* 1799.

NE me sachez pas mauvais gré d'avoir pris une direction toute contraire à celle que je m'étois proposée. Pouvois-je ne pas pourvoir à ma sureté, et l'unique ressource qui me restât, n'étoit-ce pas de m'éloigner, et de laisser aux armées le champ de bataille libre? Ma route, en traversant la Souabe, a été pénible, à cause des rigueurs de l'hyver, et plus encore parce que le chagrin de voir mon espoir trahi, ajoutoit un nouveau sombre à mes pensées. Enfin, me voici, depuis quelques jours, à Ratisbonne, où j'attendrai les signatures des deux Ministres, puisque delà dépend la possibilité de mon retour. Faites part à ma famille de ma résidence actuelle, et de mes regrets de n'avoir pu me réunir à tant de personnes qui me sont si chères.

LETTRE DE M.r ANOT

A M.r RENISAU, A BALTIMORE.

De Ratisbonne, 24 *Décembre* 1799

Monsieur,

CROYEZ-VOUS en être plus malheureux, pour habiter un autre Hémisphère? Pensez-vous que j'aie à me féliciter d'être témoin des troubles qui agitent notre ancien Monde, et des efforts qu'il lui en coûte pour se rajeunir? Heureux ceux qui ont précédé, ou qui suivront cette laborieuse régénération! Vous aviez supposé que notre Continent s'étoit calmé, et que ses antiques bases s'étoient raffermies..... Vous êtes étonné que le bruit des armes s'y fasse encore entendre; vous désirez savoir quels Acteurs ont paru sur la scène, et quel a été le dénouement. Je vous mettrai sous les yeux les évènements qui ont rempli cette année 1799; mais je vous avertis que cette Tragédie sanglante n'est pas finie; la toile n'est pas tombée..... les spectateurs sont encore dans l'attente et l'effroi.

Vraisemblablement, vous êtes instruit de la prise de Rome, de celle de Malthe, de l'occupation de la Suisse par les François, qui ont ainsi terminé, l'année dernière, une lutte funeste des Cantons entr'eux. Ces Helvétiens, las de jouir d'un repos qui faisoit leur bonheur, se déchiroient mutuellement.

« Où courez-vous, cruels? Quel démon parricide
» Arme vos sacriléges bras?
» Pour qui destinez-vous l'appareil homicide
» De tant d'armes et de soldats »?

ROUSSEAU. Ode aux Suisses.

Cette révolution aboutit à un changement dans le Gouvernement, et la nouvelle République a contracté une alliance étroite avec la France.

La paix de Campo-Formio, quelqu'avantageuse qu'elle fût à un Prince vaincu, n'avoit pas satisfait l'Empereur d'Allemagne; elle n'avoit été pour lui qu'une trêve, à la faveur de laquelle il pressoit de nouveaux armements. François II détermina les Empereurs de Russie et de Turquie à unir leurs forces aux siennes. Le Grand-Seigneur ne pardonnoit pas aux François l'invasion d'une de ses meilleures Provinces; et pour les en chasser, il avoit invoqué le secours des Anglois, qui partirent tout-à-la-fois des rives du Bengale et des bords de la Tamise, afin de débarrasser l'Egypte de ses nouveaux hôtes. La fière Albion n'avoit jamais cessé les hostilités; le Roi de Naples les renouvelloit : voilà cinq Puissances prêtes à agir avec tout le concert dont une Coalition est susceptible.

« Hinc movet Euphrates, illinc Germania bellum :
» Viciuæ, ruptis inter se legibus, urbes
» Arma ferunt : sævit toto Mars impius orbe ».

GÉORGIQ. I.

« Ici le Rhin se trouble, et là mugit l'Euphrate :
» Par-tout la guerre tonne et la discorde éclate ».

DELILLE.

Le Roi des Deux-Siciles entra le premier en lice, et on voit tout-à-coup ce Souverain au milieu de Rome ; mais cet avantage est bientôt suivi d'un cruel revers. Les François se mettent en mouvement, et le vainqueur évacue sa facile conquête : il n'est plus en sureté dans sa Capitale, et fuit du Continent à Palerme. Mack, qu'il avoit déclaré son Capitaine-Général, victime de sa qualité d'Etranger, est envié, au moment d'être immolé par ses troupes révoltées, et n'évite leur fureur qu'en se rendant prisonnier aux François, commandés par Championet.

L'incendie devint général au printemps. Le 21 et le 25 Mars, le Prince Charles remporta une victoire complette à *Ostrach* et à *Stockach* : ces deux journées suffiroient seules pour immortaliser ce Héros. Ce fut-là que sa valeur et son habileté, qualités reconnues par ses ennemis mêmes, ont paru dans tout leur éclat.

Les intérêts de l'Empire se traitoient dans le congrès de Rastadt, qui duroit depuis près de deux ans, sans qu'on eût conduit les négociations au terme qu'on s'en promettoit. Tant de conférences inutiles furent rompues au mois d'Avril, et les Députés se retirèrent. Ceux de France, Bonnier, Roberjot et Jean de Brie, étant partis, au milieu de la nuit, de Rastadt, furent surpris et attaqués...... Les deux premiers perdirent la vie...... Un voile impénétrable couvre jusqu'à présent cet attentat affreux.

La guerre se faisoit en deçà et au delà des Alpes; le bruit des armes retentissoit de toutes parts.

« Armorum sonitum toto Germania cœlo
» Audiit; insolitis tremuerunt motibus Alpes ».

GÉORG. I.

« Des bataillons armés *l'un l'autre* se heurtoient;
» Sous leurs glaçons tremblants les Alpes s'agitoient ».

DELILLE.

Les François furent repoussés des bords de l'Adige le 31 Mars, et leur Général Scherer est battu près de Vérone par Kray, le 5 Avril. Sur ces entrefaites, arrive Suwarow à la tête de ses Russes, Suwarow tout chargé de lauriers moissonnés en Turquie. Le vainqueur d'Ismaïlow, cet homme dont l'héroïsme est d'un genre neuf, et le caractère tellement propre à lui seul, qu'il seroit ridicule dans tout autre, prit en main le Commandement de l'armée combinée des deux Empereurs *. Il triompha d'abord à Cassano, près de Milan. Ce fut alors que le Souverain Pontife, Pie VI, fut tiré d'une Chartreuse à deux lieues de Florence, où il vivoit séquestré du reste du monde; on le conduisit en France, et sa situation de Captif sembla y donner un nouveau lustre à ses vertus. Succombant à l'âge, et aux malheurs de ses derniers jours, il mourut à Valence, au mois d'Aoust.

Je reviens au champ de bataille, transporté aux environs d'Alexandrie, où Moreau, digne rival du Général Russe, lui disputoit le terrein avec l'opiniâtreté la mieux soutenue; mais il fallut céder. Envain Macdonald livra-t-il des combats

* Le Maréchal Suwarow, s'étant emparé de Toutoukay en Bulgarie, l'année 1790, envoya à Catherine II quatre vers Russes, dont voici le sens : *Gloire à Dieu, louange à Catherine! Toutoukay est pris; Suwarow y est entré.....* La même année, ayant emporté Ismailow d'assaut, il annonça ainsi cette conquête à sa Souveraine : *L'orgueilleuse Ismailow est à vos pieds.*

sanglants sur la Trébie ; en vain épuisa-t-il toutes les ressources que l'expérience et la passion de l'emporter peuvent fournir ; l'avantage fut pour les Alliés. . . . . . Ceux-ci s'étoient emparés de Turin ; Mantoue tomba de même, et l'honneur de cette importante conquête fut pour Kray.

Les armes Françoises n'étoient pas plus heureuses en Suisse. Le Prince Charles avoit passé le Rhin, pris Zurich, en Juin, et forcé Massena de rétrograder.

Le nom de Russe n'a peut-être jamais jetté un plus vif éclat en Europe, qu'au milieu de cette longue chaîne de victoires. Un premier succès leur en garantissoit un second ; et tous les recueils d'anecdotes se vuidoient dans les papiers publics en parlant de Suwarow. C'étoit le Héros du temps ; l'affaire de Novi mit le comble à sa gloire. Aidé par Melas et Kray, il défit Joubert et Moreau ; le premier de ces Généraux n'arriva en Italie que pour y trouver la mort au milieu des soldats François qu'il commandoit. . . . . . Vous sentez qu'il avoit été impossible à ces Républicains de se maintenir à l'autre extrémité de l'Italie ; Rome fut abandonnée, ainsi que Naples. Cette dernière ville se noyoit dans son sang. Les Lazzarons, horde de gens indifférents sur la vie et la mort, avoient entrepris de fermer leur pays aux François, et leur résistance avoit coûté la vie à huit mille d'entr'eux. Ils avoient repris une fureur toute nouvelle, quand ils virent leurs vainqueurs obligés de se replier. Après en avoir immolé un grand nombre, ils tournèrent leurs mains féroces contre ceux de leurs compatriotes qu'ils soupçonnoient attachés au parti Républicain. Tout fut en combustion dans cette malheureuse contrée, où de fréquentes exécutions n'ont pas encore rétabli le calme.

Les Alliés crurent frapper un coup décisif en attaquant la Hollande, et la descente s'effectua près d'Alcmaer : mais cette expédition tourna à leur désavantage; et les agresseurs n'obtinrent que, par une capitulation peu honorable, la liberté de se rembarquer. Il en coûta pourtant à la Hollande sa flotte, qui se livra aux Anglois.

Le second corps de l'armée Moscovite avoit gagné le Rhin sous les ordres de Korsakow. Ne voulant pas sortir de l'attitude de simple spectateur des évènements, je ne répéterai pas les jugements qu'on a portés sur ce Général..... Tandis que le Prince Charles s'étoit éloigné pour faire lever le siège de Philisbourg, Massena attaqua, le 25 Septembre, l'armée Russe retranchée à Zurich, et en fit un massacre horrible : la déroute fut complette; la Suisse évacuée, et les François ne tardèrent point à reparoître sur les bords du Rhin. La journée de Zurich fit échouer les grands projets conçus par Suwarow. Ce Feld-Maréchal repassa d'Italie en Allemagne, séjourna un mois en Souabe, et d'après des ordres de sa Cour, reprit le chemin du Nord. La retraite des Russes prouva qu'il n'étoit pas tout-à-fait aussi facile de vaincre les François que les Turcs, ou les Polonois. Il est contraint de retourner dans ses vastes déserts,

« . . . . Ce peuple farouche, insolent et barbare
» Qui combat en esclave et s'enfuit en Tartare,
» Et dont l'orgueil, enflé d'un succès passager,
» Se flattoit hautement de l'espoir mensonger
» Que sa férocité, qui fit trembler l'Euphrate,
» Dompteroit le *François*, ainsi que le Sarmate ».

FRÉDÉRIC II. Epît. XI.

La voilà donc dissoute cette formidable alliance, qui devoit envahir le sol de la République Françoise! Cette seconde coalition, formée sur les débris de la première, eut le même résultat, et n'aboutit qu'à la honte de ceux qui en avoit imaginé le plan.

« Deux fois l'Europe a vu leur brutale furie
» De trois cent mille bras armant la barbarie,
» Faire voler la mort au milieu de nos rangs ;
» Et deux fois on a vu leurs corps sans sépulture
» Devenir la pâture
» Des corbeaux affamés et des loups dévorants ».

ROUSSEAU. Liv. IV. Od. 2.

Toutefois, les Autrichiens terminèrent glorieusement la campagne en Italie, et l'entière réduction de ce pays fut achevée par la prise de Coni et d'Ancône. Gènes tient encore, quoiqu'assiégée depuis long-temps.

Un évènement inattendu fixe aujourd'hui l'attention publique. On a presque oublié l'Italie et l'Allemagne, pour considérer la révolution subite, qui vient de s'opérer à Paris. Le Directoire, à qui le mérite de Bonaparte faisoit ombrage, lui avoit donné la glorieuse commission d'aller soumettre l'Egypte. Il avoit obéi. Cependant, le Gouvernement des Pentarques ne plaisoit pas, et pour qu'il cessât d'exister, il ne lui falloit qu'une foible secousse. Le retour de Bonaparte rappela rappella tout ce qu'il avoit fait, et ce qu'il pouvoit encore faire ; son absence expliquoit la cause des revers qu'on avoit essuyés cette année, et on comparoit avec ces temps de disgraces les époques brillantes des journées de Lodi et d'Arcole.

« France, tandis que tes armées
» De ses yeux furent animées,
» Mars n'osa jamais les trahir ;
» Et la fortune permanente
» A son étoile dominante
» Fit toujours gloire d'obéir.

» Mais quand de lâches artifices
» T'eurent enlevé cet appui,
» Tes destins, jadis si propices,
» S'exilèrent tous avec lui.
» Un Dieu plus puissant que tes armes
» Frappa de paniques allarmes
» Tes plus intrépides guerriers ;
» Et sur tes frontières célèbres
» Tu ne vis que cyprès funèbres
» Succéder à tous tes lauriers ».

ROUSSEAU. Liv. III. Ode. VIII.

En effet, on ne pouvoit assez s'étonner que les mêmes troupes, qui s'étoient couvertes de gloire peu auparavant, eussent été si constamment malheureuses ; comme si l'éloignement de Bonaparte eût été le signal de leurs défaites.

« Mais le génie heureux, qui préside à la France,
» Ne souffrit pas long-temps sa dangereuse absence.

HENRIADE. Ch. IX.

On le crut destiné à sauver sa Patrie, et on l'investit du pouvoir nécessaire pour remplir les vœux de ses concitoyens. En un instant, la révolution salutaire fut opérée, et le sang ne coula pas. Le vœu de la Nation étoit trop évidemment prononcé, pour que la résistance ne fût pas téméraire. Le Directoire, les deux Conseils disparurent, et le peuple ne s'apperçut de la nouvelle distribution des pouvoirs que par les doux effets qu'il en ressentit. Le nom de *Consuls* fut donné aux trois Chefs de la République, * et personne n'envia à Bonaparte le premier rang. Tel est l'état des choses en France. Après tant de convulsions, la paix y renaît, et la discorde est étouffée. . . . . Consomme ton ouvrage, ô Toi qui as sçu réunir

---

* Le 18 Brumaire, an 8, (9 Novembre 1799)

les suffrages de tout un grand peuple ! Tu as assez fait jadis pour sa gloire, ne songe aujourd'hui qu'à son bonheur. Rends lui ce juste équilibre, que de longues agitations lui ont fait perdre !

» Ce colosse effrayant, dont le monde est foulé,
» En dressant l'Univers, est lui-même ébranlé ;
» Il penche vers sa chûte, et contre la tempête
» Il demande *ton* bras, pour soutenir sa tête.

VOLTAIRE.

Je vous ai fait, Monsieur, un récit succint et fidèle des évènements de cette année. A ce que j'ai appris par la voix publique, j'ajouterai ce que j'ai vu de mes yeux ; c'est le passage de l'armée Russe. Le Corps destiné à combattre sur le Rhin arriva à Ratisbonne à la fin de Juillet, et son avant-garde étoit composée des Cosaques de l'Ural. *Cosaques du Yaïk* avoit été leur premier nom ; voici à quelle occasion ils l'ont perdu. Ikbelman Pugatscheff, né sur le Don, se fit passer, en 1774, pour Pierre III ; et les peuples du Yaïk étant alors en pleine revolte, il se rendit au milieu d'eux, se vit bientôt à la tête d'une armée, et on frappa des Roubles avec son effigie et cette inscription : *Pierre III, Empereur* *de toutes les Russies.* On lisoit au revers *Redivivus et ultor.* * Malgré ses fréquentes défaites, il mit en danger le trône et la vie de Catherine II; enfin, trahi et livré par trois des siens, il fut exécuté à Moscou en 1775. Ce fut pour faire oublier la rébellion de ces Cosaques, que l'Impératrice changea le nom du Fleuve Yaïk en celui d'*Ural.*

Le Chef de cette avant-garde, appelé Borowdin, attiroit les regards par sa bonne mine et son merveilleux embonpoint. Ses soldats étoient armés de pistolets et d'une longue pique, dont l'effet consiste dans la rapidité de l'élan. Ils sont de service utile, moins dans les rangs, qu'à la poursuite d'un ennemi vaincu. Les Cosaques du Don, qui parurent ensuite, sont mieux disciplinés, et portent un uniforme. Moins sauvages et moins féroces que leurs confrères, ils annoncent de l'intelligence et de la bonté. On les emploie sur-tout aux avant-postes, et ils ont l'oreille si fine, qu'ils devinent de fort loin quel genre d'ennemis est en mouvement. Leur fidélité est à l'épreuve, et on ne fait pas dif-

* Il revit pour se venger.

ficulté de leur confier le trésor. Ils forment une nation nombreuse, qui a son gouvernement particulier, sous un Chef nommé *Hettman*. En temps de guerre, ces Cosaques fournissent à l'Empereur un certain nombre de troupes; la campagne terminée, ils oublient qu'ils ont eu les armes à la main, et cultivent paisiblement la terre. Leurs troupeaux font leurs richesses; l'abondance et la pauvreté sont inconnues chez eux.... Parmi ces cavaliers venus de si loin, on distingua un Kalmouk, qui faisoit spectacle. Un bonnet de feutre terminé par une longue pointe; de grandes oreilles, que sa coëffure écarte de la tête, un visage large d'en haut, étroit d'en bas; des yeux presqu'imperceptibles, tant ils sont enfoncés; un nez écrasé; peu de barbe; voilà un Kalmouk. Que vous en semble?

« La Sibérie enfante un essaim de barbares,
» Les froids glaçons du Nord, mille fiers assassins;
» Je les vois réunis, Caspiens et Tartares,
» Marcher sous les drapeaux Bataves et Germains. . . .
» Je les vois accourir à leur propre ruine,
» Ces Hyperboréens, ces voisins de la Chine,
» Ces peuples rassemblés des bords du Tanaïs.

FRÉD. II. Ode sur la guerre de 1747.

Une chanson guerrière, entonnée à l'entrée de Ratisbonne, annonça l'arrivée de l'Infanterie, qui consistoit en plusieurs Régiments de Grenadiers, de Mousquetaires, et quelques Bataillons de Chasseurs. Ceux-ci sont presque tous enfants de soldats, et on doit attendre beaucoup de gens nés et élevés au milieu des armées. Suivit la Cavalerie régulière composée de plusieurs Régiments de Dragons, de Cuirassiers, de Hussards et un de Tartares, espèce de Houlans. Les Cuirassiers furent introduits en Russie par le Feld-Maréchal Munich; c'est la plus belle Cavalerie de ce pays: il y en a cinq Régiments, chacun de six Escadrons. . . . La dernière division que je vis défiler, fut l'Artillerie de siège, formant un train considérable.

Les troupes Russes, au premier signal, peuvent aller à quatre cent soixante mille hommes. Elles ont été dressées par Pierre-le-Grand, et aguerries par Charles XII, Roi de Suède, qui, à force de les battre, en fit ses *maîtres*; au-moins dut-il l'avouer à Pultowa . . . . Chaque Régiment a son Pope. J'ai vu l'un d'eux officier sur la Place de Ratisbonne, qui lui servoit de Temple, et où le concours étoit immense; il célébroit je ne sais quelle fête du calendrier Moscovite.

Un Régiment d'infanterie doit être composé de deux mille hommes ; mais quand il est complet, c'est qu'on y comprend les ouvriers, charretiers et autres gens attachés à l'armée, de sorte qu'il ne faut compter que six cents soldats effectifs. Les bagages m'ont paru prodigieux, et ils occupoient les chemins dans l'espace de plusieurs lieues ; mais l'ordre qui y règne, est admirable. Il seroit à souhaiter pour l'humanité, qu'on eût ailleurs autant de soin des malades, que chez les Russes : on reconnoît le Lazareth ambulant à des voitures très-douces, qui ont la forme de berlines.... Le dévouement du soldat Moscovite est sans réserve. Comme le Turc, il croit mourir martyr, s'il reste sur le champ de bataille ; et s'il entend prononcer le nom du Souverain, la mort la plus certaine ne le fera pas reculer. On prétend que les Officiers sont moins bons que les Soldats, soit qu'ils manquent des connoissances les plus indispensables, soit que les Généraux les tiennent dans une espèce de dépendance vile, qui énerve le génie, et anéantit l'énergie.

Le nombre des Russes qui gagnoient les bords du Rhin se montoit à trente mille hommes. L'Infanterie ne s'arrêta pas à Ratisbonne ; la Cavalerie séjourna dans les deux Isles du Danube. Ce Corps avoit à sa tête le Lieutenant-général Prince de Korsakow, à qui on a reproché d'avoir trop captivé les regards de la multitude. Sans doute, ses qualités extérieures prévenoient en sa faveur ; mais on eût aimé qu'il ne provoquât pas l'admiration, en paroissant les étaler avec trop de complaisance. *

---

* Du rang obscur de Sergent des Gardes, Korsakow avoit été élevé subitement à celui d'Aide-de-Camp de Catherine II, et honoré de tous les bienfaits dont la générosité de cette Princesse combloit ses Favoris. Il est d'une figure ravissante, d'une taille élégante, mais on lui refuse de l'esprit et des connoissances. L'anecdote suivante ne prouve point le contraire. Croyant qu'une Bibliothèque étoit un ornement convenable dans une Maison que Catherine lui avoit donnée, il fit venir le plus fameux Libraire de Pétersbourg. Celui-ci demanda quels livres il désiroit. *Vous le savez mieux que moi*, répondit le Favori ; *c'est votre*

Une jeunesse brillante et robuste formoit ces beaux bataillons que je vis passer; et malgré la fatigue d'une longue marche et l'excessive chaleur de la saison, tous portoient un air de vigueur mâle, qui sembloit cautionner des succès. Toutefois, ces Russes ne parurent en Suisse que pour être battus, tandis que leurs frères d'armes triomphoient sur les bords du Pô et de la Trébie. A qui doit-on en attribuer la faute? Ou Korsakow a voulu vaincre seul, et il fut téméraire; ou les Autrichiens ont abandonné leurs Alliés, et ils ont été perfides. De ces deux imputations, je ne déciderai pas laquelle est fondée. L'Impartialité doit recueillir tous les jugements, sans en adopter aucun, à moins qu'on ne soit du métier, ou témoin oculaire; je ne suis ni l'un, ni l'autre.

L'armée de Condé s'étoit aussi mise en marche, et elle arriva à Ratisbonne au milieu de Septembre. Le Prince de Condé, Commandant en Chef, Feld-Maréchal, Grand-Prieur de Pologne,

---

affaire. De gros volumes en bas, de petits en haut; voilà comment ils sont chez l'Impératrice.

parut le premier. Le lendemain, entra son petit-fils le Duc d'Enghien, et le troisième jour, le Duc de Berri. Les Grenadiers du Duc de Bourbon, la Cavalerie noble, les Chasseurs nobles à pied, les Dragons, le Régiment Russe des Hussards de *Bauer*, en tout sept ou huit mille hommes, voilà ce qui composoit le Corps de Condé. Aux quatre coins des drapeaux, figuroient les fleurs-de-lys. Les Officiers ne manquoient pas, encore moins les décorations. J'avois trouvé choquante la même profusion de marques honorifiques dans les troupes Russes.... On l'a dit, et je suis tenté de le croire, que l'armée de Condé ne devroit être vue qu'en un jour de bataille; je ne doute pas qu'elle ne soit très-brave, mais jusques-là, la discipline et la subordination y sont inconnues. Elle ne parvint au théâtre de la guerre que pour se replier avec les Russes sur Constance, où elle courut risque d'être taillée en pièces.... Sa destinée est assez triste aujourd'hui; on prétend qu'elle va passer à la solde de l'Angleterre.

Le concours fut moins nombreux, quand toute l'armée Moscovite, réunie en Souabe, reprit par Ratisbonne le chemin de son pays. Un seul homme occupa;

ce fut le Prince Suwarow *Rimniski-Italiski.* Le * premier de ces deux sur-

---

* Ordinaîrement en Russie, les Généraux reçoivent quelques surnoms conformes aux avantages qu'ils ont remportés C'est ainsi que le Prince Dolgorouki fut surnommé *Krimsky*; le Maréchal Romanzow, *Sudanowsky*; Alexis Orlow *Tschesmensky*. D'après cet usage, Suwarow, Vainqueur d'Italie, ajouta à son premier surnom, en 1799, celui d'Italisky. — La retraite précipitée du Général Russe, dont Massena sut déjouer tous les plans, auroit forcé Potemkin, s'il eût encore véeu, à rétracter le jugement qu'il porta des François en 1791. Ce Prince s'entretenoit avec plusieurs Emigrés de distinction, de la Révolution de France. Adressant la parole à Langeron, Colonel du ci-devant Régiment d'Armagnac: *Colonel*, lui dit-il, *vos compatriotes sont des fous. Je n'aurois besoin que de mes palefreniers pour les mettre à la raison.* Langeron, ne pouvant souffrir qu'on parlât ainsi de sa Nation, lui répondit: *Prince, je ne crois pas que vous puissiez y réussir avec toute votre armée.* A ces mots, Potemkin se leva en colère, et menaça le Colonel de l'envoyer en Sibérie. Langeron se retira en Autriche.

noms lui vient de ce qu'il battit les Turcs sur la rivière de Rimniks, près de Toksau, en 1790 ; il avoit volé avec huit mille hommes au secours de Saxe-Cobourg, qui n'avoit que trente mille Autrichiens à opposer à cent mille Musulmans. *Amis*, dit alors Suwarow à ses soldats, *ne regardez pas les yeux des ennemis, mais la poitrine ; c'est-là qu'il faut enfoncer vos bayonnettes.* A l'instant, il fond sur les Turcs, en fait un carnage horrible, et demeure maître du champ de bataille.

Le Feld-Maréchal s'étoit arrêté à deux lieues de Ratisbonne, et avoit annoncé au Prince de Taxis qu'il se transporteroit chez lui à six heures du soir. Les Membres de la Diète, avec toute la Noblesse de la ville, s'y rassemblèrent : en outre une affluence prodigieuse de bourgeois de toutes les classes, remplissoit les cours et quelques appartements du Palais. On remarque tout dans les Hommes célèbres : aussi la curiosité publique ne perdit-elle rien des paroles, des mouvements, des moindres gestes du Héros Russe. Il se fit attendre deux heures au delà du moment qu'il avoit marqué ; enfin, on vit paroître une misérable voiture, traînée par de méchants che-

vaux,

vaux, et escortée de quelques Cosaques. Suwarow préfère les gens de cette nation pour son service domestique.... A la vue de l'énorme foule qu'il avoit à traverser, il semble se déconcerter, et même hésiter; il monte pourtant.... La figure d'un homme du peuple, portant livrée, le frappe; il le fixe, le baise à la poitrine, poursuit son chemin, et arrive. Mais l'aspect de tant de personnes de distinction, venues là pour lui, l'épouvanta tellement, qu'il fallut que le Prince de Taxis lui donnât la confiance d'aborder l'assemblée. Il en fit le spectacle.... Il présenta son fils au Prince, en disant: *J'etois Caporal à son âge: il n'a que vingt-quatre ans, et le voilà Général!* Le brillant de la Salle paroissoit le gêner: on avoit cependant voilé toutes les glaces, parce que Suwarow ne se voit jamais dans un miroir. Pour le mettre plus à l'aise, on lui rappela, d'une manière flatteuse, les exploits de sa dernière Campagne. Il en parla avec modestie; mais, en même-temps, avec tout ce feu dont il est consumé, rendant justice à la valeur des François, et à l'habileté de leurs Généraux. *Cependant*, ajouta-t-il, *ils ont reculé. Moreau lui-meme, tout brave et intrépide qu'il est*, *a lui, comme je vais vous le montrer.* A ces mots, le Feld-Meréchal part comme un éclair, descend, trouve sa voiture dans la cour, y monte et disparoît. L'assemblée avoit ri de la façon originale dont il avoit peint la retraite du Général François ; on n'avoit néanmoins regardé son départ si brusque, que comme une éclipse d'un moment, et on eut bien de la peine à se persuader au bout de quelque temps, qu'il n'avoit employé ce moyen que pour se dispenser des compliments d'adieux.

Suwarow portoit sur son uniforme Autrichien, la Grand-Croix de Marie-Thérèse, les portraits de Joseph II et de Catherine II, avec plusieurs autres décorations. En le voyant, on pouvoit compter les Ordres militaires de Russie. Les principaux sont, 1.° celui de Saint-André, qui doit son origine à Pierre-le-Grand, en 1698 ; c'est le prix de ceux qui se signalent dans les guerres contre les Turcs. Une Croix de Saint-André est attachée à un ruban bleu, d'un côté on lit ; *Sanctus Andræas Apostolus* ; de l'autre : *Peter Alexiovvitz, Possessor et Autocrator Russiæ.* 2.° L'Ordre de Saint-Alexandre, fondé par le même Prince, mais conféré pour la première fois par Catherine son épouse, en 1725. A un cordon rouge, pend l'image de Saint-Alexandre-Neuski, à cheval, avec cette devise : *Pro labore et Patriâ.* 3.° L'Ordre de Saint-Georges, institué par Catherine II. Le ruban est marqué de trois raies noires et de deux rouges, et la croix d'or est émaillée de blanc : on voit d'un côté les armoiries de Saint Georges, et de l'autre le monograme du Saint. Les Chevaliers portent sur la poitrine une étoile quarrée d'or, du côté gauche, avec ces mots : *Pour le métier des armes, et la valeur militaire.*

Je ne vous ai parlé que de guerres et de combats. Fasse le Ciel que j'aie bientôt à vous écrire des nouvelles plus consolantes pour l'humanité. D'après l'exposé sanglant que je vous ai fait de cette campagne, apprenez à apprécier de plus en plus le repos qui règne dans vos cantons, et jouissez-en avec reconnoissance. *Melioribus utere fatis. Æn. VI.*

LETTRE DE MALFILLATRE

A Mr. TOCHEL, A RHEIMS.

Ratisbonne, 20 *Février* 1800.

Mon cher Ami,

JE te félicite de te retrouver au sein de ta famille. Je n'ai pas été aussi heureux, et quelques efforts que j'aie faits pour sortir d'une terre étrangère, je me vois encore condamné à y rester. Tu en sais la raison; mes Parents t'en auront instruit: plains moi, c'est un tribut que tu dois à l'amitié. Tant qu'il y aura quelqu'un qui ne sera pas insensible à ce qui me regarde, je ne me croirai pas isolé de toute consolation. Mais n'admires-tu pas la bizarrerie de mon étoile? Ingénieuse à me tourmenter, elle a l'art de me placer dans des circonstances, où la prudence n'a pas plus de succès que la témérité, ni les meilleures combinaisons d'autres résultats que n'en auroit la folie. C'est elle, c'est ma destinée qui m'a conduit sur un rocher presque inaccessible : une tempête politique s'est élevée, et il a fallu quitter cet asyle. C'est elle qui m'a amené aux portes de la France, et prêt à me les voir ouvertes, j'en ai été repoussé par une suite de contre-temps presqu'inexplicable. Heureusement, je me suis mis sous l'égide de la patience. Là, je détourne les yeux de tous objets attristants, pour ne les fixer que sur l'espérance, qui semble me sourire encore.

Tu justifies la fortune, en supposant qu'elle m'a transporté en différents pays, pour m'y fournir l'occasion d'en étudier les usages et le gouvernement. Il me sieroit mal, mon Cher, d'aller, le flambeau de la Politique à la main, approfondir les diverses Constitutions des Etats. . . . Une pareille recherche exige une trempe d'esprit toute autre que la mienne. Cependant, me trouvant à Ratisbonne, au centre où aboutissent les relations des Princes de l'Empire, il m'a été facile de considérer les liens qui unissent tant de membres du vaste Corps Germanique.

On peut considérer l'Empire comme un assemblage assez confus de parties divisées entr'elles, et qui se réunissent pour la conservation commune de l'Etat.

Ce Gouvernement tient de la Démocratie, de l'Aristocratie et de la Monarchie, sans être aucun des trois : forme bizarre, dont nul avantage ne peut racheter les abus. Un Allemand dira, comme dans notre La Fontaine :

« Notre Prince a des dépendants,
» Qui, de leur chef, sont si puissants,
» Que chacun d'eux pourroit soudoyer une armée ».

Liv. I. Fab. XII.

Mais tout *homme de sens* fera observer, avec le *Chïaoux* de la même Fable, que l'efficacité de plusieurs forces ne vient que de leur concert, et de l'impression uniforme que leur donne à toutes la main d'un seul. . . . L'Empire Germanique a trois Collèges ; 1.° des Electeurs ; 2.° des Princes ; 3.° des Villes Impériales.

Collège des Electeurs.

Pendant long-temps, les Empereurs étoient nommés, en pleine campagne, par une multitude immense de peuple : on sent quel devoit être le tumulte d'une pareille assemblée. Ces désordres subsistèrent jusqu'après la mort de Lothaire II. Ce fut alors que le nombre des Electeurs se réduisit à quelques personnes, prises dans les Ordres du Clergé et de la Noblesse. Depuis Conrad III jusqu'à Charles IV, les Empereurs furent élus par sept Princes, et la *Bulle d'or* en fit une loi fondamentale, en 1356. Aujourd'hui les Electeurs sont au nombre de huit. Voici leur rang avec leur titre.

MAYENCE, *Grand-Chancelier d'Allemagne.*

TRÈVES, *Grand-Chancelier des Gaules.*

COLOGNE, *Grand-Chancelier d'Italie.*

BOHÊME, *Grand-Echanson.*

PALATIN-BAVIÈRE, *Grand-Maître-d'Hôtel et Grand-Trésorier.*

SAXE, *Grand-Maréchal.*

BRANDEBOURG, *Grand-Chambellan.*

HANOVRE, *Grand-Porte-Banière.*

Collège des Princes.

Ce Collège se divise en trois Classes. 1.° Les Ecclésiastiques; 2.° Les Princes, Ducs, Landgraves; 3°. Les Comtes et

Barons. Leur nombre passe deux cents. Les Ecclésiastiques occupent dans la Salle le banc de la droite ; les Séculiers celui de la gauche ; les Evêques de Lubeck et d'Osnabruck celui du milieu. A l'extrémité, est une table, à laquelle se placent les Directeurs, quand il s'agit de prendre le résultat des délibérations. A côté de la table, est le siège du Maréchal de l'Empire, qui fait rédiger par les Sécrétaires les voix que les Princes ont données, selon leur rang. Un seul Prince peut avoir autant de voix qu'il possède d'Etats reconnus par la *Matricule*.

Collège des Villes Impériales.

Après la paix de Munster, les Villes Impériales obtinrent voix délibérative et décisive. On en compte au delà de cinquante ; et la Souabe seule en contient près de quarante, dont quelques-unes sont des villages, ou tout au plus de chétives bourgades. Elles sont sur deux bancs dans les assemblées ; celles du Rhin ont la droite, celles de la Souabe la gauche.

Du Ban de l'Empire.

On appelle *mettre au Ban de l'Empire*, déclarer un Prince déchu de sa dignité, privé de ses Etats, lui et sa postérité. C'est ainsi que Jean-Frédéric, Electeur de Saxe, fut proscrit par Charles-Quint; Frédéric V, Electeur Palatin, par Ferdinand II; les Electeurs de Bavière et de Cologne, par Léopold I. La Ville de Constance fut mise au Ban de l'Empire, en 1548, pour avoir rejetté l'*Interim*.

De l'Empereur.

Cette dignité, quoiqu'élective, est devenue comme héréditaire dans la Maison d'Autriche, depuis plusieurs siècles. Les Domaines qui lui étoient attachés jadis, ne subsistent plus, et tous les revenus consistent en Aides extraordinaires, et en quelques taxes de peu de valeur, que payent les villes Impériales et la Chancellerie. Cependant, le titre de Chef du Corps Germanique donne à celui qui le possède un ascendant considérable, et, presque toujours, le moyen de faire déclarer guerres d'*Empire*, celles qu'il entreprend pour ses propres intérêts. Alors, il tire un avantage conséquent des *Mois Romains*. Un mois Romain, pour tous les Cercles ensemble, monte, en argent, à la somme de quarante-trois mille neuf cent soixante-quatre florins; ou en troupes, à deux mille six cent quatre-vingt Cavaliers, et à douze mille sept cent quatre-vingt-quinze fantassins. Il faut remarquer qu'autrefois l'Empereur, après son couronnement, recevoit une somme, pour faire le voyage d'Italie. C'est l'origine de ce subside.

L'Empereur est représenté à la Diète par un Commissaire. C'est aujourd'hui le Prince Charles-Alexandre-Joseph de la Tour et Taxis, qui vient de succéder dans cet emploi à son père Charles-Anselme. Au reste, les fonctions de ce corps diplomatique se réduisent à revêtir des formes nécessaires, ce qui a été décidé d'avance dans le Cabinet des Souverains les plus puissants. Les Cours de l'Europe, étrangères à l'Empire, ont, ou peuvent avoir leurs Ministres près de la Diète. Avant la reprise des hostilités, le Citoyen Bacher résidoit ici en qualité d'Ambassadeur de la République Françoise. (*Il y est retourné en 1801.*)

Un mot des villes Anséatiques. Ce nom dérive ou de *Hanse*, qui jadis vouloit dire Alliance, ou de *An see* qui signifie près de la mer. Telle est en effet la situation des premières villes qui s'unirent pour le commerce, et on en compta jusqu'à soixante-douze, parmi lesquelles figuroient Amsterdam, Ostende, Londres, Cadix, Livourne, Naples, Lisbonne.... L'Allemagne est actuellement le seul pays où il y ait des villes Anséatiques; les principales sont Hambourg et Lubeck.

Des États Héréditaires.

La barrière qui ferme les Etats Autrichiens aux François, n'a jamais voulu s'ouvrir pour moi: je ne connois donc ce pays que de loin; et par conséquent trop imparfaitement, pour rien ajouter à ce que chacun en sait. Les troupes Impériales, que j'ai été dans le cas de voir en différents endroits, m'ont paru également bien équipées et disciplinées. On dit que l'Autriche peut mettre sur pied trois cent mille soldats d'Infanterie, cinquante-trois mille de Cavalerie, treize mille d'Artillerie, et sept mille huit cents hommes de plusieurs Corps attachés à l'armée, qui peuvent être augmentés par des réquisitions forcées. La couleur la plus générale de l'Uuiforme est le blanc...... On distingue deux principaux Ordres en Autriche. 1.° Celui de la Toison d'or, institué par Philippe-le-Bon en 1430; Charles-Quint fit monter ce nombre de Chevaliers à cinquante-un. La décoration est une chaîne de pièces d'or, qui représentent des pierres à fusil, d'où jaillissent des étincelles, et au-dessous pend une toison, ou un Agneau d'or, avec cette devise: *Autre n'aurai.* Elle tient à un ruban rouge. 2.° L'Ordre de Marie-Thérèse, qui s'accorde à une action d'éclat à la guerre. Il y a dix-huit Grand-Croix; cinquante Commandeurs; plus de deux cents Chevaliers. Le ruban est blanc, liseré de rouge; les Chevaliers le portent à la boutonnière, les Commandeurs en Sautoir, et les Grand-Croix en Echarpe.

De la Bavière.

Je ne m'étendrai point sur la Bavière, quoique je sois à portée de l'observer. Cet Etat vient d'écheoir, par voie de succession, au Duc de Deux-

Ponts,

Ponts.* La position de ce Prince étoit critique. Il avoit perdu une partie de ses domaines sur le Rhin; d'ailleurs, la Bavière est tellement à la bienséance de l'Empereur, que depuis long-temps on accuse celui-ci de la convoîter. Enfin, l'Electeur s'est déclaré contre la France, et l'évènement, qu'on prend seul pour Juge en matière de Politique, apprendra si ce Prince a choisi le parti le plus analogue à ses intérêts. ** Le nombre de ses troupes n'excède pas vingt mille hommes, dont trois à quatre mille de Cavalerie. Si, pour constituer un bon soldat, il ne falloit que de la vigueur, et un certain extérieur, je garantirois que ce sont d'excellentes troupes; mais, malgré le brillant de nos Bavarois actuels, je les crois fort au-dessous de ceux qui prirent Fribourg. Charles-Albert renouvela en 1729 l'Ordre de Saint-Georges, dont les Chevaliers se disent les défenseurs de l'immaculée

---

* Maximilien Joseph, né en 1756.

** Le Traité de Paix, signé en 1801, avec la République Françoise est très-avantageux pour la Bavière.

Conception. La marque distinctive consiste en une Croix d'Email-bleu. D'un côté, on voit Saint-Georges à cheval ; et de l'autre, les lettres initiales du nom de Charles-Albert, surmontées du bonnet Electoral, avec ces autres lettres, aux quatre coins : J. U. P. F. *Justus ut palma florebit.* Cette Croix est soutenue par un ruban bleu-clair, dont le bord est noir et blanc.

L'hyver a suspendu les hostilités ; le Printemps les ramènera, je n'en doute point. On n'a pas fait un pas vers la paix ; tout annonce au contraire que la guerre va ranimer toutes ses fureurs. L'Allemagne n'a presque plus de forteresses à opposer à l'armée Françoise, et une bataille perdue par les Autrichiens ouvre la Souabe et la Bavière à leurs ennemis. J'ai un pressentiment, dont je ne puis me défendre, que le pays que j'habite ne sera pas sans allarmes. La manière dont se fait la guerre aujourd'hui, ne laisse à redouter aucun désagrément personnel aux pacifiques spectateurs des combats ; mais ayant adopté pour règle de conduite de m'éloigner du théâtre des batailles, par mesure de sûreté, nous nous proposons, M.r Auot et moi, de partir sous peu pour Berlin. Nous désirons voir cette Capitale, et notre voyage est, pour ainsi dire, une affaire décidée. Ne va pas, mon cher Ami, exercer une critique trop sévère contre mes fréquents déplacements. . . . Ne va pas me comparer au

« . . . . . Danube inconstant,
» Qui tantôt Catholique et tantôt Protestant,
» Sert Rome et Luther de son onde;
» Et qui, comptant après pour rien
» Le Romain, le Luthérien,
» Finit sa course vagabonde
» Par n'être pas même Chrétien.
» Rarement, à courir le monde,
» On devient plus homme de bien ».

REGN. DESMAR.

Ne tire pas la conclusion qui termine les vers que je te cite. Elle ma souvent frappé; je me la rappelle toutes les fois que je revois le fleuve qui baigne les murs de la ville où je demeure. C'est un *Avis au Lecteur*, dont je fais mon profit.

LETTRE DU PRECEDENT

A M.lle VIELLART, A RHEIMS.

De Berlin, 24 Avril, 1800.

Ma chère Tante,

NE m'accuserez-vous pas de m'être livré de gaieté de cœur au Génie de l'inconstance qui m'agite, et ne me permet, direz-vous peut-être, de me fixer nulle part? Qui peut, ajouterez-vous, avoir nécessité mon départ de Ratisbonne? Comment me suis-je déterminé à mettre encore une plus grande distance entre moi et mon pays, comme si je le fuyois?

Quelques jours plus tard, je serai probablement justifié par l'évènement. D'ailleurs, l'impossibilité actuelle d'aller respirer l'air natal me rend indifférent sur le choix de ma résidence; et, tout bien calculé; Berlin mérite la préférence sur beaucoup d'autres villes. Ne me blâmez pas, je vous en conjure, et soyez mon avocate près de ceux qui croiroient avoir droit de le faire.

P. S. Je reprends la plume pour vous déclarer ce que j'avois résolu de taire, dans la crainte que vous ne me prissiez réellement pour un déterminé voyageur. Madame la Comtesse de Keyserling veut m'entraîner avec elle en Pologne et en Silésie, pour y passer l'Eté auprès de son fils. J'avoue que je suis à demi vaincu. . . . Je ne résisterai point à la tentation de la suivre :

» Volontiers on fait cas d'une terre étrangère ».

La Font. Liv. X. f. 2.

LETTRE DE M.r MALFILLATRE

A M.r ANOT, A BERLIN.

D'Altkloster, Prusse Méridionale,
12 *Mai* 1800.

POUR cette fois, notre séparation a été volontaire; aussi, quoique pénible, me coûte-t-elle moins que celle qui nous arracha des larmes à Constance. Vous avez cru qu'il y avoit à gagner pour moi de voler de mes propres ailes, et de me trouver comme lancé dans un nouveau monde. J'appelle ainsi la Société au milieu de laquelle je me trouve, et c'est vraiment un nouveau monde pour moi, au sortir de l'isolement dans lequel j'ai vécu depuis neuf ans. Vous l'aviez bien prévu, que j'allois entrer dans une Ecole, où l'on m'enseigneroit une science que j'ignorois, et dont les leçons m'étoient nécessaires, celle de vivre, non avec moi seul, mais avec tous les hommes. Ce que vous aviez pressenti, je l'ai éprouvé.... Je suis souvent embarrassé, mais je le suis de si bonne foi, qu'on me pardonne volontiers tous mes péchés d'ignorance. — Je tombai dernièrement sur des vers qui m'ont frappé, parce qu'ils avoient trait à ma position actuelle. Les voici :

« Qui dans son Cabinet a passé ses beaux jours,
» A pâli sur Pindare, Homère, Horace, Plaute,
» Devroit y demeurer toujours.
» S'il entre dans le monde avec un tel secours,
» Il y fera faute sur faute.
» Il portera par-tout l'ennui.
» Un ignorant qui n'a pour lui
» Qu'un certain savoir-vivre, un esprit agréable,
» A la honte du Grec et du Latin, fait voir
» Combien doit être préférable
» L'usage du monde au savoir ».

M.de DESHOULIERES.

Voyez, j'ai eu la modestie de m'appliquer cette censure ! Mais, n'en déplaise à l'Auteur, je ne veux pas toujours *pâlir sur Horace et Plaute*, et j'espère ne pas toujours *faire faute sur faute*. Ne pourroit-on pas parvenir à joindre *l'usage du monde au savoir ?*

Je n'ai traversé, depuis Berlin jusqu'ici, que des lieux très-insignifiants.

« Toutefois, je me souviens bien
» De notre dernier entretien,

» Que je terminai par vous dire
» Que j'aurois soin de vous écrire.
» Je vous écris donc; et voici
» De mon voyage un racourci ».

ROUSSEAU. Epître à M. de la Fosse.

En sortant de Berlin, nous entrâmes dans une allée magnifique, qui nous conduisit à deux lieues loin de la ville : elle conduira un jour jusqu'à Francfort, et le plan en est tracé. Celui qui préside à cette plantation peut dire avec l'octogénaire de La Fontaine :

« Mes arrières neveux me devront cet ombrage ».

Francfort ne mérite qu'un coup-d'œil rapide. Près delà, est Kunersdorf, où le Grand Frédéric, quoiqu'à la tête de cinquante mille hommes, fut battu le 12 d'Août 1759. Les Russes, commandés par Soltikow, furent redevables de la victoire à Loudon, Général Autrichien, qui arriva à propos avec dix-huit mille hommes, et quarante-huit pièces de canon. Le Roi de Prusse eut deux chevaux tués sous lui, perdit huit mille soldats; plus de sept mille furent blessés, et quatre mille faits prisonniers. Ce cruel revers ouvrit l'année suivante les portes de Berlin aux ennemis.... On m'a fait remarquer à Francfort le monument de l'action bienfaisante, et de la fin malheureuse de Léopold de Brunswick. Ce Prince, voulant sauver quelqu'un tombé dans le fleuve de l'Oder, y fut lui-même englouti.

En vérité, je ne m'imaginois guères, en partant de Ratisbonne, me trouver dans un mois en Pologne ! M'y voici pourtant, et il est aisé de s'en appercevoir au langage de ceux qui m'environnent. Quoi, toujours de nouveaux sons frapperont mes oreilles ! Je ne suis nullement tenté de me familiariser avec ceux-ci.

LETTRE DE M.r ANOT

A MALFILLATRE, A ALTKLOSTER.

De Berlin, 10 *Juin* 1800.

LE ciel a exaucé nos vœux, en nous conduisant dans des cantons où nous trouvons la tranquillité, que vient de perdre le Midi de l'Allemagne.

« Jouissons à loisir du fruit de ses bienfaits,
» Et ne nous lassons pas des douceurs de la paix ».

BOILEAU. Epître I. au Roi.

La Souabe est tout en feu.... Moreau a érigé des trophées à Mœskirch et à Stockach, le 3 et le 5 Mai; Kray ne se soutient plus, et dans peu la Bavière va devenir un vaste champ de bataille. On m'écrit de Ratisbonne que cette ville ne peut plus contenir le nombre des blessés Autrichiens, et qu'on a été obligé de placer des Hôpitaux hors des murs. Avons-nous à nous repentir d'avoir fixé notre séjour ailleurs? Il n'eût pu qu'être incommode dans un pays qui attend l'ennemi. Celui que nous habitons jouit d'un profond repos; partageons-en les douceurs, et bénissons notre bonne fortune.

« O Melibœe, Deus nobis hæc otia fecit ».

Egl. I.

LETTRE DU PRECEDENT

A M.r SORGEL, A GRATZ.

De Berlin, 30 *Octobre* 1800.

Monsieur,

JE compte pour nulle une première lettre que je vous ai écrite de Berlin ; car elle est partie sous de mauvais auspices, et n'aura pu s'ouvrir un passage, à travers les armées qui inondoient vos cantons. Maintenant que le feu de la guerre s'est rallenti, et que les postes ont recouvré leur liberté, j'espère que celle-ci vous parviendra. Je ne vous donne pas le motif de mon voyage dans le Brandebourg ; les circonstances politiques vous l'expliquent suffisamment.

Ce n'est point la plus belle partie de l'Allemagne que j'ai parcourue pour arriver ici. Le Haut-Palatinat m'étoit déjà connu à son désavantage. Bayreuth ressemble assez à Modène ; on y trouve en effet, comme dans cette dernière ville, de grands édifices d'une architecture noble, de vastes places, des rues bien percées, et un air de propreté assez rare dans les Cités d'Allemagne. Le Roi de Prusse possède celle-ci depuis 1792. Hoff n'a avec elle d'autre rapport que celui d'appartenir au même maître..... Je m'avançois beaucoup dans la Saxe, avant d'ajouter foi aux éloges qu'on m'avoit faits de cette Province. Au milieu des plaines arides, où mes yeux se plaignoient de ne rien voir, combien de fois n'ai-je pas appelé : *Italiam, Italiam* ! Mais aux environs de Leipsick, la nature se para de tous ses appas, et il n'y eut plus moyen de nier que ce ne fût une charmante contrée. La ville plaît par l'élégance de la construction, la régularité des rues, l'activité des habitants, le nombre et la richesse de ses magasins. On reconnoît le séjour du commerce et de l'abondance...... On prendroit les faubourgs pour une suite de promenades et de maisons de campagne, qui se disputent à l'euvi l'admiration, soit par la nature, soit par la forme des embellissements. Cette ville a le tombeau de Gellert, le Fabuliste de l'Allemagne. Elle fut prise en 1631 par Gustave-Adolphe, qui avoit battu le Général

Général Tilly. La perte des Impériaux fut de six mille hommes ; Tilly lui-même fut blessé, et contraint de se sauver avec le reste de son armée. Un an après, à *Lutzen*, pas loin de Leipsick, se donna un combat plus fameux, et plus important par ses conséquences. Les Impériaux furent encore vaincus ; mais le Roi de Suède y laissa la vie, on ne sait trop comment : les uns le faisant périr par le fer des ennemis ; les autres, par celui des siens. On a dit que ce Roi étoit mort l'épée à la main, le commandement à la bouche, et la victoire dans l'imagination. Malgré leur défaite, les Autrichiens se réjouirent du succès d'une journée qui les délivroit d'un ennemi redoutable, en faveur duquel le sort sembloit avoir fixé son inconstance.

Wittemberg, sur les bords de l'Elbe, m'a rappelé l'origine des troubles qu'ont occasionné les nouvelles opinions du seizième siècle. C'est-là que Luther éleva la voix pour la première fois contre l'Eglise ; c'est-là qu'il brûla la Bulle du Pape, qui condamnoit ses erreurs. Il est enterré, ainsi que Melancthon, dans l'Eglise du Château.

Enfin, par *des chemins sablonneux*,

mal-aisés, nous arrivâmes à Potzdam. J'avois cru qu'aucun endroit sur la terre ne pouvoit approcher de la Haye ; mais je n'avois pas vu Potzdam, qui le dispute au joli Bourg de la Hollande. Le Château a été commencé par l'Electeur Frédéric - Guillaume en 1660, et achevé par Frédéric-le-Grand. Il faudroit beaucoup plus que l'étendue d'une lettre, pour donner aux beautés de cette ville tous les détails nécessaires. Ses édifices immenses, ses jardins et promenades superbes, ses nombreux établissements, tout annonce le séjour favori d'un Souverain. Cependant, on n'auroit pas vu Potzdam, si on ne visitoit *Sans-Souci*, cette Maison de plaisance, qui avoit toute la prédilection de Frédéric II. On conte qu'un jour montrant au Marquis d'Argens les Fossés de ce Château qu'on creusoit alors, il lui dit : *Là, je serai sans souci*.... Au bout des jardins, on trouve le Nouveau - Château, fini en 1769, sous le même Roi. Son Successeur ajouta à la magnificence de ce lieu délicieux *le Palais de marbre*, situé sur un lac, dans une position charmante.

J'appellerois volontiers Berlin *la Reine des sables*, si les sables n'étoient pas un domaine trop triste pour une aussi belle ville ; mais il n'en est pas moins vrai que c'est au milieu des déserts que s'est élevée cette Capitale. J'ai vu l'Italie, et pourtant Berlin m'a surpris, tant son ensemble est majestueux ! Il falloit tout le génie des Rois de Prusse, pour créer ainsi dans le néant.... On donne à cette ville trois lieues de circonférence ; mais on a tellement reculé les murs, qu'il reste de vastes plaines dans cette enceinte : sa population est de cent soixante mille ames, en y comprenant une nombreuse garnison.

Berlin est traversé par la Sprée, dont le cours est presqu'insensible. Sur le Grand-Pont, est la statue équestre de Frédéric-Guillaume, dit le *Grand-Electeur* : ce monument, érigé en 1709, a coûté quatre-vingt mille écus. --- Le Palais, ou, comme on le nomme ici, *le Château*, annonce le temps éloigné dans lequel il a été commencé, ayant un air antique, quoique fini en 1720, et sa grandeur seule le fait juger la demeure d'un Monarque puissant. Le Roi actuel ne l'habite point ; il a préféré un modeste Hôtel, où il avoit vécu étant Prince-Royal. Rien de si opposé à ce Souverain que le goût du luxe et de la pompe extérieure : Frédéric - Guillaume III fait disparoître aux yeux de ses sujets le faste et la fierté d'un Maître, pour ne laisser voir que la simplicité et l'affabilité d'un bon Père.

Le Dôme est une Eglise bâtie par ordre de Frédéric II, à côté du Château, et qui est destinée à la sépulture des Rois.

L'Arsenal est l'édifice de toute la ville, qui porte le caractère le plus apparent : c'est un grand carré, dont chaque face a deux cent quatre-vingts pieds de long. . . . Un peu plus loin, est l'Opéra, construit par le grand Frédéric, où l'on représente des pièces Italiennes dans le Carnaval. Le Théâtre, de 80 pieds de longueur, peut admettre toutes sortes de décorations ; les jours de *Redoutes*, il s'unit au Parterre, ce qui donne à la Salle une étendue extraordinaire. Sur le Frontispice de ce Bâtiment, on lit cette inscription : *Fredericus Rex, Apollini et Musis.*

Le Palais du Prince Henri, qui fait face à l'Opéra, ne frappe que par un lourd massif, dénué d'agréments : aussi Frédéric II comparoit-il le premier étage à des casemates, le second à une église, le troisième à une maison de fous.

Cette critique dispense d'en prononcer une plus sévère.

La Bibliothèque, quoique d'un meilleur goût, n'est pas à l'abri de toute censure. Au-dessus sont gravés ces mots : *Nutrimentum spiritûs*, qui indiquent sa destination. Les Salles renferment cent soixante-dix mille volumes, et sont ouvertes trois jours de la semaine au Public curieux de s'instruire.

Je n'omettrai pas l'Eglise Catholique, bâtie en 1747, d'après le modèle de Sainte-Marie de la Rotonde de Rome. Le vaisseau est assez grand, mais n'a pas d'ornements; car les Catholiques, au nombre de neuf à dix mille, sont, pour la plupart, de la classe indigente, et ne peuvent contribuer à décorer leur église. ... Passons au Sanctuaire des Sciences. Le Philosophe de Sans-Souci en fait l'éloge dans son Ode sur le rétablissement de l'Académie; je ne vous en citerai que quelques vers.

« Sur le vieux monument d'un ruineux Portique
» Abattu par les mains de la grossièreté,
» S'élève élégamment un Temple magnifique
» Au Dieu de tous les Arts et de la Vérité. . . ;
» L'un, par un prisme adroit et d'une main savante,

» Détache cet azur, cet or et ces rubis,
» Qu'assemble des rayons la gerbe étincelante
» Dont Phébus de son trône éclaire le pourpris.
» L'autre du corps humain, que son art examine,
» Décompose avec soin la fragile machine
» Et les ressorts cachés à l'œil d'un ignorant;
» Et tel d'un bras magique
» Vous touche et communique
» L'électrique torrent ».

Un seul coup - d'œil embrâsse tous les édifices dont j'ai fait mention jusqu'ici, et vous devez juger combien il est intéressant; mais ce qui donne un charme vraiment ravissant à cette perspective, c'est une longue allée d'arbres touffus, qui se termine à la Porte de Brandebourg, une des merveilles de Berlin. De superbes colonnades forment cinq ouvertures, dont celle du milieu est pour la Famille Royale: les colonnes soutiennent une Plate - forme, où on a placé quatre chevaux attelés à un Char antique, portant la Déesse de la Victoire, un trophée à la main; et le tout est de bronze. Cette Porte est sans contredit la plus belle des seize qui donnent entrée dans Berlin; elle fut commencée en 1789, et finie en 1793.

Comme il manquoit à cette ville une Salle de Spectacles, proportionnée à la dignité des autres Bâtiments publics, on est occupé actuellement à la construire. Quant aux pièces de Théâtre qui sont le mieux accueillies ici, je ne déciderai point de leur mérite; il paroît que les Auteurs Dramatiques qui réunissent le plus de suffrages, sont Kotzebuë, Goèthe, Schiller et Iffland.

Voilà sans doute des beautés, mais elles ne se répètent point; l'aspect en est agréable, mais il n'est pas varié. Cette scène est froide, et l'admiration qu'elle produit est aussi inanimée que les objets sur lesquels elle se fixe.... On diroit que Berlin est le séjour de l'inaction et du silence.... Le mouvement n'existe ici que pour le métier de la guerre, et les yeux ne tombent que sur des Elèves de Mars. Ce Dieu terrible est le Dieu de la Monarchie Prussienne : c'est lui qui l'a fondée, et c'est lui qui la soutient..... Dans un Etat, dont la force et l'éclat dépendent du nombre et de l'habileté des troupes, on n'est pas étonné de trouver plusieurs Etablissements consacrés à l'éducation de jeunes Guerriers, ou à servir d'asyle à ceux qui ont vielli au milieu des armes. *L'Académie Militaire* est une pépinière d'Officiers, qui puisent une instruction conforme à leur destination.

La Maison des *Cadets*, réparée par Frédéric-le-Grand, a le même but : celle des Invalides annonce par l'inscription, *Læso et invicto Militi*, qu'elle renferme des Braves, dont la Patrie ranime, dans une honorable retraite, le reste du sang qu'ils ont versé pour elle. --- On voit dans l'Eglise de la garnison quantité de drapeaux et de tableaux, qui éternisent le souvenir de la valeur Prussienne ; mais c'est sur-tout à la Place-Guillaume que revivent les Héros de ce pays. Elle est ornée des statues de cinq Généraux, que Frédéric II a proposés à l'admiration et à l'émulation publique.

« Illustres défenseurs, Héros des Prussiens,
» Vous avez surpassé les Héros anciens ;
» Vous serez désormais nos Dieux et nos exemples »!

FRÉD. II. Epit. IX.

Schwerin est en habit Romain, tenant en main un drapeau, et s'exposant à une mort glorieuse à la bataille de Prague en 1757, le 6 de Mai.

« Que de sang généreux ce jour vit prodiguer !
» Schwerin, dans ce combat, vous perdîtes la vie :
» Votre sort glorieux est digne qu'on l'envie ».

Winterfeld, représenté avec le même

costume, eut, comme le précédent, le mérite de sacrifier sa vie pour l'honneur de son pays à l'affaire de Moys.... Keyth eut une destinée semblable, l'année suivante: il porte l'Uniforme Prussien.... Seydlitz est sous le même habillement. Une mort paisible termina sa carrière en 1773, après des services importants rendus à son Roi.... Ziethen, mort en 1786, fut jugé digne d'occuper une place honorable entre ces quatre grands hommes, dont il avoit si noblement imité les exemples. Frédéric II respecta toujours ce guerrier blanchi dans le métier des armes. Un jour que ce Général s'étoit endormi à la table de son Souverain, ses voisins, dans la crainte que le Roi n'en fût offensé, voulurent le réveiller.... *Non, non*, dit le Monarque indulgent; *laissez dormir Ziethen; il a assez veillé autrefois pour nous.*

Les Manufactures de Berlin occupent des milliers de bras. Parmi ces établissements utiles, et qui marchent sans cesse vers la perfection, on distingue la Fabrique de porcelaine, qui produit des Chefs-d'œuvre dignes de rivaliser avec ceux qu'on admire en Saxe, en Angleterre et en France,

C'est assez parler de l'intérieur de la ville; visitons-en les dehors. . . . Nous y verrons la plus délicieuse des forêts; on l'appelle le *Parc*. C'est l'unique promenade de Berlin; mais aussi elle tient lieu de beaucoup d'autres, tant elle est ingénieusement dessinée ! Ce sont des allées qui la coupent en tout sens, qui se séparent, se réunissent, se croisent, ou se rejoignent : labyrinthe charmant, où l'on aime à s'égarer, pour ménager la surprise et le plaisir de se retrouver. Le Parc est bordé d'un côté par des Maisons de campagne, et baigné de l'autre par la tranquille Sprée. Une grande allée qui le traverse, conduit à Charlottebourg, petite ville, appelée jadis *Lutzen*, dont la situation a fait la fortune. Voisin de la Capitale, attenant à des bois sans en être obscurci, ce lieu plût à Sophie-Charlotte, épouse de Frédéric I. Elle désira y avoir un Château; le Roi applaudissant à cette idée, la réalisa, et ajouta à cette Maison des Jardins, qui ont reçu depuis des embellissements considérables. ---- Le Château de *Belle-Vue*, bâti dans le Parc même, est bien inférieur à celui de Charlottenbourg. Il est habité par le Prince Ferdinand, qui a placé dans les

Jardins le buste de son frère, le Prince Henri, avec ces mots : *Il a tout fait pour la Patrie.* Inscription magnifique, où la flatterie n'a point de part.

C'est par la Porte de Brandebourg qu'on entre dans le Parc : on ne sort par les autres que pour s'abymer dans les sables, qui couvrent des espaces vuides. Là, l'uniformité d'une nature engourdie n'est coupée que par les sapins, arbre aussi commun qu'il est monotone,

Que Berlin, je vous prie, ne perde rien dans votre esprit, par la mauvaise description que je vous en ai faite. Si ma lettre vous a ennuyé, n'accusez point le sujet qu'elle traite, mais celui qui en a tiré si mauvais parti. Une plume plus élégante auroit rehaussé l'éclat des beautés de la Capitale du Brandebourg, en les exposant ; elle eût mieux écrit, avec moins d'effort. La mienne plus ingrate, moins faite pour plaire, demande, non votre approbation, mais votre indulgence.

❧

LETTRE DU PRECEDENT

A MALFILLATRE,

à Struntz, près Glogau, en Silésie.

De Berlin, 2 *Novembre* 1800.

LE terme de vos courses en Pologne et en Silésie expire, et je m'attends à vous revoir sous peu de jours. D'après ce que j'ai appris de votre position, elle a tout ce qu'on peut désirer ; il ne lui manque que d'être plus accessible aux nouvelles du dehors. Mais les évènements qui viennent de se passer, sont d'une nature si importante, qu'ils ont dus percer les obstacles que la plus profonde solitude oppose à la voix de la Renommée. Cette Déesse aux cent bouches vous aura annoncé les combats qui se sont livrés sur le Danube. Le village d'*Hochstet* rappellera désormais le nom de Moreau, comme il a rappelé jusqu'ici ceux d'Eugène et de Malborough. . . . Bonaparte sera aussi grand au sommet des Alpes que l'a été Annibal. . . . J'allois comparer

comparer la bataille de Marengo à celle de Cannes. . . . Si le carnage n'a pas été aussi affreux, au moins les conséquences seront-elles plus décisives. La défaite de Varron consterna les Romains, sans les forcer à la paix ; celle de Melas mettra l'Autriche dans l'impossibilité de faire la guerre.

Une armée considérable s'étoit rassemblée près de Dijon, prête à marcher au premier signal. Ce signal est donné. Elle part. Mais c'est sur les monts glacés des Alpes qu'elle doit cueillir ses premiers lauriers :

« Ardua per præceps gloria vadit iter ».

OVIDE.

On a douté un instant si ces troupes, tout intrépides qu'elles sont, traînant après elles une artillerie pesante, pourroient arriver en Italie par une route si extraordinaire. Elles ont prouvé que

« Le succès fut toujours un enfant de l'audace ».

CRÉBILLON.

Elles avoient à leur tête le premier Consul, ce même Bonaparte, qui, quatre ans auparavant, avoit soumis la Lombardie. Que ne pouvoient pas ces guerriers sous un tel Chef ?

« A leurs légions indomptables
» Bellone inspire sa fureur :
» Le bruit, l'épouvante et l'horreur
» Devancent leurs flots redoutables ;
» Et la mort remet dans leurs mains
» Ces tonnerres épouvantables
» Dont elle écrase les humains.

» Un Héros, tout brillant de gloire
» Les conduit vers ces mêmes bords
» Où jadis ses premiers efforts
» Ont éternisé sa mémoire ».

Rouss. Liv. III. Od. IX.

La résistance fut opiniâtre du côté des Autrichiens; la victoire s'étoit d'abord déclarée en leur faveur, et il fallut toute l'habileté et la bravoure du premier Consul, pour la ramener sous les drapeaux François.

« Nos soldats dans la tempête,
» Par cet exemple affermis,
» Sans crainte exposent leur tête
» A tous les feux ennemis :
» Et chacun, malgré l'orage,
» Suivant d'un même courage

» Le Chef présent en tous lieux,
» Plein de joie et d'espérance,
» Combat avec l'assurance
» De triompher à ses yeux. . . . ».

Rouss. Liv. III. Od. X.

Vous sentez quel enthousiasme a produit en France cette célèbre journée. Les Muses ont fourni tous leurs crayons, pour en décrire les plus beaux exploits ; en voici quelques traits, que je prends d'une *Epître à Virgile*, au sujet de ce combat.

« Marengo désormais est une autre Pharsale,
» Où les destins du monde ont été balancés.
» Peins-nous tous ces soldats l'un sur l'autre élancés,
» Qui, dans les deux partis, n'adorant que la gloire,
» Ont pris, cédé sans honte et repris la victoire.
» Peins ce jeune Héros, que le destin guida
» Des bords fangeux du Nil aux rives de l'Adda. . .
» Peins ce jeune Héros qui traverse les rangs,
» Opposant aux Germains l'intrépide colonne,
» Dont la mâle assurance épouvante Bellone;
» Qui d'un roc de granit offre la dureté,
» L'imperturbable masse et l'immobilité.
» Peins de l'airain tonnant les bouches enflammées,
» D'un tourbillon de feu couvrant les deux armées ».

Cet évènement va changer la face de l'Italie; Gènes se sera à peine apperçu du séjour des Impériaux dans ses murs;

la Cisalpine est déjà rendue . . . . .
et il est permis au nouveau Pape, Pie VII, de prendre possession de l'Etat de l'Eglise. L'amnistie actuel réjouit tous les amis de la paix, parce qu'on espère qu'elle en sera une suite. Bonaparte, à son retour d'Egypte, avoit gémi sur la situation où il revoyoit la France, et dès-lors il prononça le vœu d'y rétablir le calme, ainsi que l'exprime l'auteur des vers suivants :

« Sous cet air et ce maintien calmes,
» Voyez ce guerrier fier et doux,
» Qui revient du pays des Palmes
» Planter l'Olivier parmi nous,
» Tranquile au fort de la tempête,
» Et modéré dans le bonheur,
» Si la victoire est dans sa tête,
» Il porte la paix dans son cœur ».

L'Empereur semble, de son côté, annoncer les mêmes dispositions, puisqu'en cédant les forteresses de Philisbourg, d'Ulm et d'Ingolstadt, il s'est mis dans le cas de ne pouvoir prolonger la guerre, sans courir des risques évidents. Espérons que bientôt le Continent ne se nourrira plus de larmes. La mer est toujours asservie au joug de l'Angleterre, qui vient de grossir ses possessions par la prise de Malthe, le 8 Septembre dernier. Nous n'avons donc quitté cette Isle, notre heureux asyle, que pour y voir régner les ennemis de notre patrie! Quand la Déesse barbare de la guerre jettera-t-elle ses poignards? Quand ne secouera-t-elle plus ses torches sur les Nations? L'Univers ne pourra-t-il jamais lever les yeux vers le Ciel, sans le voir gros de tempêtes?

REPONSE DE MALFILLATRE.

De Stmntz, 10 *Novembre* 1800.

Oui, dans peu je quitte la Silésie, pour revenir à Berlin, que je n'ai fait qu'appercevoir, et dont je n'ai qu'une idée confuse. Que je me sais bon gré d'avoir cédé à l'invitation de Madame la Comtesse de Keyserling! Sa maison est le séjour de l'esprit et du goût; j'y ai trouvé une société, où règne l'aisance de la campagne avec la politesse de la ville. Madame la Comtesse a daigné écouter avec quelque sensibilité, le récit des divers conjonctures, par lesquelles la Fortune m'a conduit jusqu'auprès d'elle. Quelles nuances délicates d'intérêt n'a-t-elle pas mises dans les attentions qu'elle m'a prodiguées ! Ce n'est pas la reconnoissance qui me la montre avec ces qualités ; c'est le jugement de tous ceux qui, comme moi, ont eu l'occasion de l'apprécier. Le commerce de M. le Comte est doux, tranquille et solide, analogue à la trempe qu'une longue absence des plaisirs bruyants à donnée à mon ame. Il répand ici ses bienfaits sur ceux qui l'environnent ; il est au milieu de ses vassaux, comme un père au milieu de ses enfants, et semble ne vivre que pour eux.

» Vous, charme de ces *lieux*, riche de leur aisance,
» Vous goûtez le bonheur qui suit la bienfaisance ;
» Heureux vous unissez, dans votre heureux hameau,
» Le riche à l'indigent, la cabanne au château.
» Vous créez des plaisirs, vous soulagez des peines,
» Du lien social vous resserrez les chaînes ;
» Et satisfait de tout, et ne regrettant rien,
» Vous dites comme Dieu : ce que j'ai fait est bien ».

DELILLE.

Diriez-vous qu'avez des personnes si aimables, je me suis trouvé naturel, et aisé sans effort ? Je dois encore à ma bonne étoile d'avoir fait en Silésie la connoissance de M. le Général de Kalckreuth, Oncle de Madame la Comtesse. Je ne parle pas de sa capacité militaire; je laisse aux gens du métier, ou plutôt à ses exploits, à le louer, comme il le mérite. Mais cette affabilité, cette bonté officieuse, je veux en être le panégyriste, puisque je les ai éprouvées. Il a oublié avec moi ce qu'il étoit, et ce que j'étois moi-même. Sa familiarité insinuante, ses caresses amicales, prouvent qu'il sait tout aussi bien gagner les cœurs que les batailles.

Je retourne à Berlin avec M.me la Comtesse et ses enfants. Son fils, près de qui elle m'avoit placé pour le temps de la Campagne, va bientôt entrer au Service où il trouvera, je n'en doute pas, une société plus intéressante que la mienne; mais j'aurai eu au moins l'avantage de connoître une famille à laquelle j'ai voué un sincère attachement, et les noms d'*Archibald* et d'*Adèle* me seront toujours chers.

LETTRE DE M.r ANOT

A Mr. SORGEL, A GRATZ.

De Berlin, 10 *Avril* 1801.

ENFIN l'Autriche a reconnu l'inutilité, et, qui plus est, le danger d'une trop longue résistance ; elle a cédé, et le 9 Février a vu éclore cette paix si désirée. Je n'oublierai jamais le nom de *Lunéville* ; c'est une petite Place, dans laquelle on a terminé un grand débat..... C'étoit donc bien à tort que l'Empereur cherchoit à reculer le moment qui devoit constater son impuissance. La bataille de Hohenlinden l'a mise en évidence. *

« Mais la Paix que le monde implore,
» C'est en vain qu'on l'offre aux vaincus :
» Bonaparte, il faut vaincre encore ;
» Il faut un prodige de plus.
» Jusqu'en son nid, à l'Aigle altière

* Le 3 Décembre 1800.

» Porte tes coups et tes bienfaits ;
» Déclare la guerre à la guerre,
» Et triomphe au nom de la paix ».

Les François ont tenu à honneur d'accorder à un ennemi * qu'ils pouvoient écraser, des conditions plus avantageuses que ses défaites ne lui promettoient ; et ils ont dit :

« Les Rois, fiers de quelques revers,
» Pleins d'un orgueil extrême,
» Prétendoient nous donner des fers
» Jusques dans Paris même.
» Nous, modestes dans nos succès,
» Comme beaux en vaillance,
» Aux Rois nous donnerons la Paix :
» O la douce vengeance » !

Il paroît que les vers pleuvent en France de toutes parts à la louange du premier Consul. Vous aurez encore ce

---

* Le Grand Frédéric connoissoit bien la marche du Cabinet de Vienne, quand il disoit : « J'ai toujours été dans l'opinion que pour » qu'une négociation réussit avec les Autri- » chiens, il falloit auparavant les avoir bien » battus ». *Histoire de mon temps*.

Quatrain, qui vaut bien ceux de Pibrac :

« Scipion, Annibal, ces deux foudres de guerre,
» Par leurs sanglants exploits ont ravagé la terre ;
» Il ne convient qu'à toi d'être par tes bienfaits,
» Le Héros de la guerre et celui de la Paix ».

Je partage avec l'Europe les transports de la joie dont la cessation des hostilités l'a enivrée ; je dis l'Europe continentale. Pourquoi faut-il que les mers se teignent encore de sang? Mais la main, qui vient de fermer le temple de Janus, saura saisir aussi le sceptre de Neptune, et mettre un terme à la Domination des Anglois. C'est le souhait que je forme, et l'accomplissement m'en seroit d'autant plus agréable, qu'il seroit plus prompt.

LETTRE DE MALFILLATRE

A Mr. TOCHEL, A RHEIMS.

De Berlin, 18 *Septembre* 1801.

UN Précis de l'Histoire de Prusse! Je m'attendois à cette demande de ta part, mon cher Ami, mais en même temps, je la redoutois. Donner à ce qui regarde la formation et les progrès de ce Royaume toute l'étendue convenable, ce seroit écrire une Histoire; et je n'ai ni les moyens, ni la prétention de le faire. Me concentrer dans les bornes d'une analyse sèche et aride des faits, c'est leur ôter tout intérêt, et en obscurcir l'éclat. Tu te contenteras donc d'un exposé simple des révolutions et mutations principales, par lesquelles la Monarchie Prussienne est parvenue à cet état de grandeur, où nous la voyons aujourd'hui.

Du Brandebourg, jusqu'à sa réunion à la Prusse.

Ce n'est qu'à travers la plus profonde

obscurité qu'on peut remonter aux premières dynasties qui ont dominé dans le Brandebourg. Ce pays fut occupé jadis par les Teutons, les Suèves et les Vandales. Les Wenèdes, appelés dans la suite Sclaves, espèce de Vandales, s'unirent aux Saxons pour occuper, ou plutôt désoler la contrée dont je parle, depuis le cinquième siècle jusqu'au neuvième. A cette Epoque, on voit des Marquis de Brandebourg, dont le premier est Sigefroi, Comte de Ringelheim, à qui Henri l'*Oiseleur* donna ce titre. Ses successeurs ont toujours eu les armes à la main, pour repousser, tantôt les Bohémiens et les Sclaves, tantôt les Obotrites, autre horde de Vandales, qui ravagèrent à différentes reprises le Nord de l'Allemagne. Cependant, cet État prit une consistance plus solide sous les Princes d'Anhalt, qui donnèrent quinze Marquis. Après eux, vient la dynastie de Bavière, remplacée par celle des Princes de Luxembourg. Suit enfin la Maison de *Hohenzollern*, dont voici l'origine.

Archambauld, Maire du Palais de Neustrie, est la tige de cette illustre famille. Son petit-fils Ethicon, gendre de Childéric II, eut, entr'autres enfants, Adalbert, quatrième ayeul de Tassillon,

premier

premier Comte de Hohenzollern, mort en 800. Cette race se divise en deux Branches, dont la cadette posséda le Burgraviat de Nuremberg en 1200. — Cette dignité étoit amovible : Rodolphe de Hapsbourg en fit un fief héréditaire, en faveur de son oncle Frédéric III, à qui il avoit, en grande partie, l'obligation du Sceptre Impérial qu'il portoit. Durant la tenue du Concile de Constance, l'Empereur Sigismond voulant reconnoître les services que lui avoit rendus Frédéric VI, Burgrave de Nuremberg, lui accorda la Souveraineté et l'Electorat du Brandebourg, pour la somme de quatre mille ducats. Comme Electeur, il a dans l'histoire le nom de Frédéric I. Le cinquième de ses successeurs ajouta à son Etat la principauté de Crossen, et fit bâtir Spandau, la *Bastille* de ce pays. Sa mort fut la suite de l'attentat d'un Juif, qui mêla du poison dans un soporifique qu'il lui donnoit, et lui procura par-là un sommeil dont le Margrave ne se réveilla plus. Son arrière petit-fils, Jean-Sigismond, prétendit à la succession de Clèves en 1609. Après de longs démêlés, il garda le Duché de ce nom et le Comté de la Marck; en outre, il obtint du Roi de Pologne l'investiture de la Prusse.... Cette circonstance mérite un développement particulier ; mais avant d'entrer dans ce qui concerne la Prusse , je dirai un mot de ce Corps Religieux-Militaire , qui a conquis, civilisé et gouverné ce pays pendant trois siècles.

De l'Ordre Teutonique.

Cet Ordre prit naissance, en 1190, au camp des Croisés devant Saint-Jean-d'Acre. Quelques citoyens de Lubeck et de Bremen, touchés de compassion pour le grand nombre de malades et de blessés Allemands, consacrèrent leurs biens et leurs personnes au soulagement de ces infortunés. Pour cet effet, ils dressèrent une tente avec les voiles d'un vaisseau, y reçurent tous les infirmes de leur nation, et les soignèrent avec beaucoup de charité. Les Princes Chrétiens, témoins de ce zèle, prièrent Célestin III d'approuver cet établissement. Ce Pape en effet confirma l'institut des Frères Hospitaliers Teutoniques de Notre-Dame de Sion, et leur ordonna de porter une croix noire sur un manteau blanc, et de vivre sous la Règle de Saint-Augustin. Bientôt, ces Hospitaliers devinrent militaires sur le modèle des deux ordres qui les avoient précédés, et Henri Walpott fut leur premier Grand-Maître. Il contribua avec ses Chevaliers à la prise d'Acre, où l'on bâtit un Hôpital et une Eglise. Au bout d'un siècle, les Chrétiens, affoiblis depuis long-temps, furent entièrement chassés de la Palestine; mais les Chevaliers Teutoniques n'avoient pas attendu cette fatale époque pour sauver leur Ordre d'un anéantissement qu'ils regardoient comme inévitable, s'ils s'obstinoient à lutter contre des forces supérieures. Le Grand-Maître Herman de Salza, Gentilhomme de Thuringe, s'étoit retiré à Venise. Il y jouissoit d'une si haute considération, qu'Honoré III et Frédéric II le choisirent pour arbitre de leurs démêlés, et il obtint d'eux de grands domaines en Italie et en Allemagne, avec le titre de Prince de l'Empire, et le droit de porter l'Aigle dans l'écu de ses armes. En 1225, Conrad, Duc de Masovie, pressé par les Prussiens qui fondoient de toutes parts sur ses Etats, appela les Chevaliers Teutons à son secours.

De la Prusse.

La Prusse tire son nom des *Borusses*, Scythes du Tanaïs, qui allèrent habiter les bords de la Baltique. Les Sclaves, les Russes et les Wenèdes y firent tour-à-tour, ou tous à-la-fois, des incursions fréquentes, et y augmentèrent la barbarie. Les habitants étoient sauvages, nomades et idolâtres; leurs mœurs agrestes et féroces: leur religion grossièrement superstitieuse. Relégués par hordes dans des forêts, n'ayant pour abri que des cabanes, ils n'en sortoient que pour aller au loin ravager des pays plus favorisés de la nature; tels étoient la Livonie, la Lithuanie, la Masovie et la Pologne. On fit souvent d'inutiles efforts, pour réprimer ces brigandages. Micislas, Duc de Pologne, ayant embrassé le Christianisme, entreprit la civilisation des Prussiens, et leur envoya des Missionnaires, pour leur prêcher l'Evangile. La force n'avoit pu les réduire; la raison et la Religion ne produisirent pas d'abord de meilleurs effets, et Saint Adalbert, Archevêque de Prague, fut assassiné par leurs Prêtres Payens, en 979. On revint contr'eux à la voie des armes. Les quatre Boleslas de Pologne les attaquèrent en différents temps, ainsi que Waldemard II de Danemarck, et toujours inutilement. Enfin, au commencement du treizième siècle, Christian, Moine de Cîteaux, eut quelques succès; et secondé de Conrad, Duc de Masovie, il convertit une bonne partie des Prussiens. Ceux qui restèrent attachés au culte des Idoles, indignés de la protection que Conrad accordoit aux Missionnaires, désolèrent son pays, et exigèrent de lui un tribut honteux : ils allèrent jusqu'à renverser les Eglises, et emmener un grand nombre d'esclaves.

On ne vit d'autre remède à ces maux, que la bravoure d'un Ordre Militaire, assez puissant pour faire tête aux redoutables Prussiens. Conrad s'adressa à l'Ordre Teutonique, qui avoit pris de si grands accroissements, qu'il étoit en état de fournir des secours considérables. Il ne manquoit à ces Chevaliers que des établissements, pour exercer leur valeur contre les ennemis de la foi, et d'après la proposition de Conrad, ils entamèrent la Prusse en 123[illegible] Leurs progrès furent tels, qu'au [illegible] de dix ans, ils avoient soumis [illegible]sque tout le pays. Herman de Salza [illegible] construire dans ses nouvelles conquêtes Thorn, Elbing, Marienwerder. Bientôt les Teutons s'unirent avec les Porte-Glaives de Livonie, et les deux Ordres n'en firent plus qu'un. Dès-lors, rien ne résista aux Chevaliers ; appuyés par différents Princes, ils réduisirent ceux qui remuoient encore. On compte jusqu'à seize expéditions de divers peuples contre ces idolâtres : après chacune d'elles, il restoit assez de monde pour former des Colonies, et par-là on peut juger de quel mélange de Nations est composée la population. Les fondements de Kœnigsberg furent jetés en 1255 ; et dans les premières années du siècle suivant, Marienbourg devint Chef-lieu de l'Ordre.

Une partie des Prussiens étoit encore plongée dans les ténèbres du Paganisme. Les Chevaliers s'occupèrent de les convertir ; mais leur Gouvernement étoit dur. Les mécontents portèrent leurs plaintes à l'Empereur Frédéric III, qui les rejeta, et décida en faveur de leurs Maîtres. Vexés de nouveau, ils se révoltent, et se soumettent à Casimir *III*, Roi de Pologne. Tel fut le sujet d'une guerre sanglante que l'Ordre eut à soutenir contre les Polonois, et dont il fut la victime. Les Chevaliers furent contraints de partager la Prusse avec la Pologne, à laquelle ils firent hommage de ce qu'ils conservoient. Au lieu de vingt-un mille villages que comptoit ce pays, il n'en resta plus que trois mille après cette guerre désastreuse.

Les conditions du Traité étoient trop onéreuses pour être exactement observées. Les Grands-Maîtres éludoient la prestation du serment de féodalité. On voulut les y forcer; ils refusèrent: nouveau sujet de dispute. La rupture éclata sous le Magistère d'Albert de Brandebourg, qui, prévoyant tout le mauvais succès d'une contestation qu'il n'avoit pas les moyens de soutenir, proposa un arrangement au Roi Sigismond. Il fut conclu en effet par le Traité de Cracovie en 1525, et porte, en substance, que la partie de la Prusse qui obéissoit aux Chevaliers, seroit érigée en Duché *Séculier* et *Héréditaire*, en faveur du Margrave Albert, et de ses descendants mâles, pour la posséder en fief mouvant directement de la Pologne. On sent bien qu'une pareille disposition étoit la suite d'un changement de Religion dans Albert. Il quitta l'habit Religieux, se déclara pour les opinions du temps, épousa une Princesse de Danemarck, invita Luther à ses nôces, et fit publier *la Confession d'Ausbourg* en Prusse.

Les Chevaliers, que l'exemple du Grand-Maître n'avoit pas entraînés, en élurent un autre, qui fixa sa résidence à Mergentheim. Albert fut proscrit; mais il n'en transmit pas moins son Duché à son fils Albert-Frédéric, qu'il avoit eu d'un second mariage avec une Princesse de Brunswick. Celui-ci ne laissa que des filles, dont l'aînée épousa Jean-Sigismond, Electeur de Brandebourg. Ce Prince obtint que le droit de succéder au Duché de Prusse, seroit étendu jusqu'à sa femme, et joignit ainsi cet Etat au sien, après la mort de son beau-père.

Réunion de la Prusse au Brandebourg, 1618.

Jusque-là, on ne connoissoit en Prusse que la Religion Catholique, et la Réforme de Luther; mais Jean-Sigismond ayant embrassé le Calvinisme, l'introduisit dans tous ses domaines.

Son petit-fils, Frédéric-Guillaume, surnommé le *Grand-Electeur*, fut contraint, par la Paix de Westphalie, de céder la partie de la Poméranie, qui devoit lui appartenir. Pour le dédommager de cette perte, on sécularisa les Evêchés de Halberstadt, de Minden et de Camin; ainsi que l'Archevêché de Magdebourg, qu'on lui donna.

Charles-Gustave ayant déclaré la guerre à Jean-Casimir, Roi de Pologne, sous prétexte que celui-ci prenoit le titre de Roi de Suède, l'Electeur se crut obligé d'embrasser le parti du premier, et contribua à la fameuse victoire de Warsovie, où l'armée Polonoise fut défaite, quoiqu'une fois plus forte que celle des ennemis. Frédéric-Guillaume profita de l'état de détresse où se trouvoit Jean-Casimir, pour conclure avec lui une paix particulière, dont l'*Indépendance* de la Prusse fut une des principales conditions. Par ce Traité de Bidgost, en 1657, la Pologne renonce à l'inféodation de la Prusse, et cet article fut sanctionné trois ans après par la paix d'*Oliva*, faite entre les Puissances belligérantes.

Une autre guerre intéressa le Grand-Electeur. La Hollande ayant imploré l'ssistance des Princes de l'Empire contre Louis XIV, Frédéric-Guillaume fut le premier qui se mit en mouvement; mais ses efforts ne furent pas heureux.

Turenne tomba sur le Comté de la Marck, et le ménagea fort peu. L'Electeur n'osa se mesurer avec ce Général; et se voyant à la veille de perdre ses domaines sur le Rhin, il en prévint la ruine totale par le Traité de Vossen. Il s'accorda avec Louis XIV, et recouvra ses Etats. Bientôt, ayant repris les armes en faveur de l'Empereur, de l'Espagne et de la Hollande, il tomba sur l'Alsace sans succès, et eut encore le chagrin d'être forcé à courir au secours de son pays inondé par les Suédois. Leurs troupes n'étant que de nouvelles levées, ce fut pour lui un jeu de les battre trois fois de suite. Devenu maître de la Campagne, il attacha la fortune à ses étendards, et emporta toutes les Places de la Poméranie. Charles XI étoit en danger de faire de plus grandes pertes, si la France, victorieuse de ses ennemis, n'eût agi efficacement à l'avantage de la Suède. L'Electeur, n'ayant pas été compris dans la paix de Nimègue, fut obligé d'accepter, en 1679, des conditions d'autant plus désagréables qu'elles lui arrachoient toutes ses conquêtes, et le remettoient à la merci d'un voisin inquiet, qu'il avoit eu le bonheur de rejeter au delà de la mer. Frédéric,

Guillaume craignit de s'attirer sur les bras les forces de la France, qui donnoit alors des loix à toute l'Europe, et il ne soucrivit qu'en frémissant à la convention de Saint-Germain-en-Laye.

Frédéric III, fils du précédent, étoit né avec une forte passion pour la gloire. L'enthousiasme, dont il étoit pénétré pour Louis XIV, le porta à une imitation qui fut utile au Brandebourg. A l'exemple de ce Roi, il embellit sa Capitale de somptueux édifices, y attira un grand nombre d'habitants par ses bienfaits, fit fleurir l'industrie et les sciences. On a dit de lui qu'il avoit copié Louis XIV en petit : seulement, la différence de Religion en mit une dans leur conduite par rapport aux Réformés. L'Electeur assista les Réfugiés ; Berlin s'accrût par des Colonies Françoises ; les armées furent augmentées, et les manufactures multipliées. . . . Ce Prince désiroit depuis long-temps le titre de *Roi*. Dans le besoin où se voyoit Léopold I, de se faire un parti puissant en Europe, pour empêcher l'effet du Testament de Charles II, Sa Majesté Impériale savoit trop bien quelles ressources Elle pouvoit attendre de Frédéric. Aussi l'Empereur, afin de se l'attacher, se servit-il habilement de son penchant pour la grandeur, en érigeant le Duché de Prusse en Royaume héréditaire. Le nouveau Monarque alla se couronner lui-même à Koenigsberg, l'an 1701. Il fut reconnu par les alliés de l'Empereur; et par retour, il fournit des troupes auxiliaires, qui eurent beaucoup de part aux évènements de la guerre.

La Prusse érigée en Royaume.

Frédéric I, comme Roi, peu content d'avoir un nom de plus, agrandissoit ses domaines. Il recueillit de la succession de Guillaume III, Prince d'Orange, le Comté de Meurs, et de celle de la Duchesse de Nemours, la Principauté de Neufchâtel. L'article de la Paix d'Utrecht qui le regardoit, porta que toute la Gueldre Espagnole, et le pays de Kessel lui seroient cédés, et que le Roi de France lui donneroit le titre de *Majesté*, qu'il lui avoit refusé jusqu'alors; mais ce Prince mourut avant la publication du Traité.

Son fils, Frédéric-Guillaume I, tint une route opposée à celle de son père; il retrancha le luxe de la Royauté, et fit consister la magnificence, non à encourager

rager

rager les manufactures, mais à entretenir des armées considérables. Frédéric I s'étoit fait respecter ; son successeur se fit craindre : il s'unit aux ennemis de la Suède, ce qui lui valut le Duché de Stetin. Quelque chose de plus utile, fut le soin qu'il prit de peupler la Prusse, dont les guerres longues et fréquentes contre la Pologne avoient fait un désert, où l'on traversoit plusieurs milles sans trouver un cultivateur, sur-tout depuis les ravages affreux de la peste de 1709 et 1710. Le Grand-Frédéric a dit de ce dernier fléau, dans son Epître à Maupertuis :

« Peignez-vous, s'il se peut, les horreurs de ces
» temps,
» Les places, les maisons pleines de nos mourants :
» Là, le frère expirant sur le corps de son frère,
» Le cadavre du fils couvrant celui du père. . . . . . ,
» La peste avoit juré la mort des Prussiens ;
» Il nous restoit si peu des anciens Citoyens,
» Par les meurtres nombreux qu'avoit commis sa rage,
» Que ce pays désert sembloit un champ sauvage ».

Le Roi invita, par des avantages séduisants, les Etrangers à venir s'établir dans ses Etats, et il en arriva un bon nombre de la Souabe et de la Franconie : de trente mille familles sorties de l'Archevêché de Saltzbourg, pour cause de Religion, plus d'un tiers se fixa en Prusse; et depuis l'an 1719, on y bâtit quatre cents villages, et près de cinquante villes. Enfin, ce Souverain laissa à sa mort, survenue en 1740, une armée également forte et bien disciplinée, avec des coffres remplis de sommes immenses; fruit d'une économie singulière. Le sceptre passa à son fils, Frédéric II, surnommé le *Grand*, ou l'*Unique*.

L'Empereur Charles VI avoit quitté le trône et la vie, dans la confiance que la *Pragmatique Sanction* assureroit à sa fille, Marie-Thérèse, l'intégrité de sa succession: cependant, à peine eut-il les yeux fermés, que son auguste héritière se vit environnée de compétiteurs, parmi lesquels étoit le Roi de Prusse. Ce jeune Prince, plein de feu et de courage, tombe subitement sur la Silésie, qu'il appelle le *Patrimoine* de ses Ancêtres.

Après avoir tenu à Crossen un Conseil de guerre, où fut réglé le plan des opérations, Frédéric marche contre Glogau, qui, faute de garnison, se rend à la première sommation; Breslau capitule peu après, et Olau ouvre bientôt ses portes. Le Général Schwerin, qui commandoit l'aile droite de l'armée

Prussienne, s'étoit répandu comme un torrent, sans trouver d'obstacles, jusqu'à Otmachou, dont la garnison se rendit prisonnière de guerre. Il continue sa marche victorieuse, rencontre le Général Autrichien Braun au Pont de Mora, et l'attaque. Ses Prussiens reculent; mais il les connoissoit. Au premier signal, les rangs sont repris, la charge recommence, les Autrichiens fuyent et entraînent Braun. Celui-ci les rallie, les ramène au combat, ou plutôt à une seconde déroute.... Cependant, Frédéric assiégeoit Neiss; envain y lança-t-il quantité de bombes; cette petite ville, défendue par le vaillant Roth, arrêta le Roi de Prusse, et brava sa colère.

Pendant l'hiver qui suivit, la Logique des Cours de Berlin et de Vienne s'épuisa vainement dans des Manifestes; il fallut en revenir à *la dernière raison des Rois*. La bataille de Mollwitz * coûta trois mille hommes aux ennemis commandés par Neuperg; et cette victoire, due à l'habileté de Schwerin, hâta la reddition de Brieg, dont Frédéric s'empara. On ne se crut plus en

* Le 10 Avril 1741.

sureté à Vienne, et la Cour se retira à Presbourg. Le Roi voulut ensuite venger l'affront qu'il avoit essuyé devant Neiss. Cette place n'avoit plus Roth pour défenseur ; aussi ne tarda-t-elle pas à capituler, et toute le Moravie fut soumise.

L'année suivante, 1742, Czaslau, sur les frontières de cette Province, fut témoin de la victoire complette que le Monarque Prussien, aidé de Léopold d'Anhalt - Dessau, remporta sur le Prince Charles. L'activité de Frédéric, son coup-d'œil sûr, qui prévoyoit et savoit parer le danger, furent les sources de son triomphe. Marie - Thérèse avoit toujours senti une extrême répugnance à démembrer les Etats de son père ; mais les progrès effrayants des vainqueurs, la déterminèrent à céder la Silésie, à condition qu'ils garderoient une exacte neutralité dans la guerre, et évacueroient la Bohème.

Cette paix ne fut pas de longue durée. En 1744, les succès des Autrichiens en Alsace occasionnèrent une nouvelle levée de boucliers. Frédéric, craignant que la Silésie ne lui échappât dans ce moment de fortune pour la Reine de Hongrie, se remit en campagne. Il part comme l'éclair, traverse la Saxe, arrive devant Prague, bat la ville en brêche, et l'emporte en quatre jours. Marie-Thérèse, quoique surprise de la démarche imprévue de son adversaire, ne se laissa pas abattre. Le Prince Charles reçut ordre de quitter le Rhin, pour voler au secours de la Bohème, et sa fougue mit l'alarme parmi les Prussiens, qui abandonnèrent Prague et tout le pays.

On avoit espéré que la mort de l'Empereur Charles VII mettroit fin à la guerre; mais les esprits étoient trop mal disposés : elle continua donc. Le Prince Charles, tout étourdi de l'encens qu'on lui avoit donné pour avoir passé le Rhin, effrayé l'Alsace et délivré la Bohème, crut qu'il ne falloit plus que se présenter désormais devant Frédéric, et que sa vue seule l'intimideroit. Ce dernier augmenta cette illusion, en feignant d'avoir peur, et alla se poster dans un endroit où tout l'avantage étoit pour lui; ce fut à Hohenfriedberg. Saisissant le moment avec une promptitude merveilleuse, il tomba sur l'armée ennemie à l'instant qu'elle débouchoit des montagnes, et la battit complettement depuis trois heures du matin jusqu'à neuf *. Cette déroute força les Autrichiens à renoncer à la conquête de la Silésie. Frédéric, en mandant à Louis XV la nouvelle de ce succès, lui disoit : *J'ai acquitté à Hohenfriedberg la lettre-de-change que vous avez tirée sur moi à Fontenoi.* Le Roi de Prusse fut secondé dans cette journée par L. d'Anhalt-Dessau, qui, à l'âge de 74 ans, montra une présence d'esprit et une activité étonnantes. Ce Prince avoit été un Elève du célèbre Eugène de Savoie :

« Sous ce savant guerrier, Dessau, dans son jeune âge,
» Fit de l'art des combats le dur apprentissage ;
» Et les Dieux protecteurs des camps Autrichiens
» Le firent, avec lui, les Dieux des Prussiens ».

FRÉD. II. Art de la Guerre, Ch. I.

Il avoit jadis contribué aux avantages remportés par les alliés à Hochstet, à Turin, à Malplaquet ; et après la paix d'Utrecht, il donna ses soins à former l'Infanterie Prussienne, qu'il rendit l'effroi de l'Autriche, de la Saxe et de la France.

* Le 4 Juin 1745.

Le Prince Charles, qui avoit pensé prendre sa revanche à Praudnitz, y perdit autant de monde que dans la défaite précédente. La Roi alla ensuite se faire ouvrir les portes de Dresde, d'où l'Electeur, allié de l'Autriche, s'étoit sauvé, désarma la garnison, et y signa un double traité avec la Pologne et la Reine de Hongrie, par lequel il s'assuroit la possession de la Silésie.

En vain avoit-on voulu marchander à Vienne; la fermeté et les trophées de Frédéric avoient tranché le nœud. Léopold d'Anhalt avoit encore servi ce Souverain utilement dans les derniers moments de cette Campagne; et Frédéric étoit si convaincu que la victoire accompagnoit toujours ce Général, qu'après avoir repoussé l'ennemi à Gorlitz, il lui écrivit : *J'ai frappé mon coup en Lusace, frappez le vôtre à Leipsick; nous nous reverrons à Dresde.* Tout arriva comme il le souhaitoit. On a érigé cette année, dans un des plus beaux quartiers de Berlin, au Prince d'Anhalt, une statue qui éternise la reconnoissance de la Prusse.

C'étoit au retour de ces Campagnes glorieuses, que le Roi de Prusse voyoit ses sujets venir au-devant de lui, et joncher sa route de branches de sapins ; *faute de mieux*. Rentré dans sa Capitale, il donnoit ses soins à faire fleurir ses Etats par le commerce et les arts. En 1750, il renouvela le spectacle des anciens Tournois : quatre Quadrilles représentoient les Romains, les Carthaginois, les Grecs et les Perses. Les prix furent distribués par la Princesse Amalie, aux Vainqueurs, qui étoient les Princes Guillaume et Henri de Prusse, le Duc Ferdinand de Brunswick et le Général Ziethen. Voltaire termina la fête par cet Im-promptu :

« Jamais ni la Grèce, ni Rome,
» N'eut des jeux si brillants, ni de plus riches prix ;
» J'ai vu les fils de Mars sous les traits de Pâris,
» Et Vénus qui donnoit la Pomme ».

Dans la Guerre de sept ans, commencée en 1756, Frédéric se ligua avec l'Angleterre contre l'Autriche, la France, la Suède, la Saxe et la Russie. Il publie son Manifeste à la tête de son armée, entre dans Dresde, force les Archives malgré la résistance de l'Electrice, ouvre les Arsenaux, s'empare des munitions, vide les Caisses publiques. Maître de la Saxe, il livre la bataille de Lowositz, aux Frontières de la Bohème. Le Général

Autrichien Braun auroit vaincu, s'il eût eu à combattre un autre ennemi ; mais Frédéric, en sacrifiant un grand nombre de ses soldats, parvint à rendre le succès du combat équivoque.... Delà, le Roi vole au Camp de Pirna, où s'étoient retranchées les troupes Saxonnes : il l'avoit déjà masqué depuis le 10 Septembre, et il le resserra si bien, que cette armée fut faite prisonnière de guerre le 17 Octobre. Le Roi de Pologne, à la merci de son vainqueur, se crut heureux d'en obtenir un passe-port pour gagner ses autres Etats, abandonnant son Électorat et son épouse, qui mourut de chagrin.

La Campagne suivante, cent mille hommes, marchant sur trois colonnes, s'avancent rapidement vers la Bohème. Braun se hâte de rassembler ses forces ; on en vient aux mains près de Prague *. Les Prussiens plient.... Schwerin, honteux de survivre à une déroute qu'il croit inévitable, s'enfonce dans les bataillons vainqueurs, et tombe percé de coups. Le Roi rétablit le combat, et décide la victoire en sa faveur, victoire sanglante qui coûta aux Prussiens plus

* Le 6 Mai 1757.

de seize mille hommes. Braun, blessé mortellement, ne survécut guères à Schwerin. L'affaire de Chotemitz suivit de près. Daun se mesura avec Frédéric, et eut la gloire de le défaire complettement. Jamais succès ne fut moins douteux.... Vingt-deux drapeaux et quarante-cinq pièces de canon abandonnés, furent les monuments du triomphe des Autrichiens ; le siège de Prague fut levé, et la Bohème évacuée. Le Roi étoit allé se retrancher en Saxe, d'où il observoit les mouvements des ennemis. Il apprend que Haddick est entré dans Berlin à la tête de trois mille quatre cents hommes ; il court de ce côté-là ; le Général Autrichien met la ville à contribution, et s'éloigne en toute hâte. Frédéric, délivré de cette inquiétude, va camper vis-à-vis l'armée de l'Empire, à *Rosbach*. Tout-à-coup, pour mieux prendre l'avantage du terrein, il feint de reculer. Le Prince de Saxe-Hilbourghausen, qui commandoit les Alliés, se contentant de deviner la situation des Prussiens, marche contr'eux, et engage cette bataille si célèbre dans les annales de la Monarchie dont je parle *. En vain l'armée com-

* Le 5 Novembre 1757.

binée opposa-t-elle la résistance la mieux soutenue; en vain les François sur-tout essayèrent-ils de forcer le sort à couronner leur valeur: Frédéric vainquit; mais rendit toute justice au courage des François, et spécialement au Prince de Soubise. *J'ai cru*, disoit-il, *que le Prince de Soubise vouloit seul gagner la bataille ; je l'ai trouvé par-tout.* Il semble que le Roi de Prusse s'attendoit à rencontrer le malheur et la mort même dans les champs de Rosbach, où il moissonna tant de lauriers. Voici comment il s'exprimoit, peu avant, dans une Epître à Voltaire :

« Voltaire, dans son hermitage,
» Dans un pays dont l'héritage
» Est son antique bonne-foi,
» Peut s'adonner en paix à la vertu du sage,
» Dont Platon nous marqua la loi.
» Pour moi, menacé du naufrage,
» Je dois, en affrontant l'orage,
» Penser, vivre et mourir en Roi ».

On voit ici le génie au-dessus des revers, qui les décrit en se jouant.

Cet échec des troupes de Marie-Thérèse enflamma leur ardeur. Elles battirent les Prussiens, près de Breslau, au bout de quelques jours, et emportèrent cette ville pleine de munitions. La Silésie alloit repasser sous les loix de l'Autriche, si Frédéric, secondé de Ziethen, n'eût vaincu à Lissa *. Le jour même de cette bataille, on arrêta un déserteur; c'étoit un François. *Pourquoi m'as-tu quitté*, lui dit Frédéric? *Sire, les affaires vont trop mal. — Eh bien battons nous encore aujourd'hui. Si je suis vaincu, nous déserterons demain ensemble.* La victoire fut pour les Prussiens; mais leur Souverain, à la vue du sang qui avoit coulé, arrosa son trophée de ses larmes, et s'écria: *Quand finira mon tourment?* Breslau capitula à la suite de l'action de Lissa, et la garnison de dix-sept mille hommes fut faite prisonnière.

L'année 1758 fut également féconde en évènements. Les Russes, sous les ordres de Fermer, s'emparent de toute la Prusse, et menacent d'avancer plus loin dans l'Allemagne. Frédéric se repose sur son frère le Prince Henri du soin de les arrêter, et va assiéger Olmutz. Son entreprise est vaine; il est contraint de fuir, et perd quinze mille hommes dans sa retraite. Il se console par le succès de l'affaire de Zorndorf, où

* Le 5 Décembre 1757.

il eut l'avantage sur les Russes *. Il montra dans cette circonstance combien il aimoit à rendre justice au mérite. Mittchel, Envoyé d'Angleterre, lui ayant dit : *Sire, le Ciel vient de vous donner un beau jour. — Sans Seydlitz*, répondit le Roi, *il eût été fort vilain.* En effet, ce Général avoit rétabli l'ordre dans l'armée, qui commençoit à se débander. Le Monarque embrassa Seydlitz sur le champ de bataille, en lui disant à haute voix. *Je vous dois encore cette victoire.* Ce Prince, toujours poursuivi par Daun, hazarda contre lui la bataille de Hochkirchen, en Lusace. Les Officiers-Généraux des deux partis n'eurent d'autre emploi que celui de soldat. La mêlée fut affreuse, et le terrein disputé long-temps. Frédéric vit tomber Keith, François de Brunswick, Kleist, douze mille des siens. Cent pièces de canon, vingt-huit drapeaux, tout le bagage, d'immenses munitions de guerre et de bouche, restèrent aux ennemis. Jamais le Roi de Prusse n'avoit essuyé une perte pareille, et jamais il ne fut plus grand. Il eut le courage d'établir son

---

* Le 25 Avril.

camp à une lieue de ce funeste champ de bataille, le 14 Octobre.

Daun, le *Fabius* de son siècle, sembloit se multiplier, pour harceler, de près et de loin, le Monarque Prussien. En outre, les Russes, sous le Général Soltikow qui s'étoit réuni à Loudon, étoient entrés en Silésie. Frédéric marche contr'eux, les atteint à Kunersdorf près de Francfort, retourne sept fois à la charge; repoussé autant de fois, il laisse quinze mille morts ou blessés, quatre mille prisonniers, deux cents pièces de canon et trente drapeaux. Toutefois, cette défaite n'eut aucune suite; non plus que celle du Général Prussien Finck à Maxen, près de Pirna. Ce fut encore Daun qui triompha. Il avoit repris sur Frédéric une supériorité marquée; ses savantes manœuvres rendoient inutiles toutes les tentatives de son ennemi. Ces deux derniers revers eurent lieu dans la campagne de 1759..... L'année suivante en amena d'autres. Loudon écrasa les Prussiens à Landshut; Fouquet, qui les commandoit, fut fait prisonnier, et il ne se sauva de son armée que deux à trois cents hommes. Frédéric, craignant pour la Silésie, veut étonner les Coalisés, en prenant Dresde; Daun accourt, et l'oblige à décamper. Cependant, les Russes cherchoient à se réunir aux Autrichiens ; pour empêcher cette jonction, le Roi va s'établir à Lignitz, et Loudon se trouve enveloppé par quarante mille hommes. Dans une position aussi critique, un Officier, moins habile et moins déterminé, eût été perdu sans ressource ; ce fut pourtant le chef-d'œuvre de ce Général. Il range ses troupes en triangle, se place à la tête, renverse les Prussiens, les met en déroute, et s'échappe avec perte de cinq mille hommes, après en avoir tué autant à ses ennemis. Frédéric, trop grand pour envier la gloire de ses rivaux, combla d'éloges cette brillante retraite * : *Je n'ai pas vu*, disoit-il, *de manœuvre aussi belle que celle de Loudon. Son jour le plus glorieux, est celui où je l'ai voulu battre....* Tout conspiroit à déconcerter

---

* Ce Monarque dînant, en 1769, avec Joseph II, apperçut Loudon, qui, honteux, pour ainsi dire, de son mérite, s'étoit placé au bas de la table. Frédéric le fit asseoir près de lui, en lui disant : *Venez vous placer ici, Mr. le Genéral ; j'ai toujours mieux aimé vous voir à côté de moi que vis-à-vis.*

ce Monarque. Tottleben, détaché de l'armée Russe, s'étant joint au corps de Lasci, marcha droit à Berlin, et emporta la place le 9 Octobre. Frédéric marche vers sa Capitale, la délivre, se poste près de Torgau en Saxe, et présente la bataille à Daun. Ce Général a la cuisse fracassée ; le Roi est atteint d'un coup de feu à la poitrine ; l'acharnement est terrible ; les Prussiens font des efforts incroyables et inutiles : ils sont vaincus. Mais à la nouvelle que Ziethen s'est emparé des hauteurs de Siplitz, le Roi y court, foudroie les Autrichiens, et les force à la retraite. Elle valut à Daun autant de gloire que ses triomphes.

Dans la campagne de 1761, Romanzow, à la tête d'une armée Russe, prit Colberg en Poméranie. D'un autre côté, Loudon attaqua si brusquement Schweidnitz en Silésie, qu'il se trouva au milieu de la Place, avant que le Commandant n'eût le temps de proposer la capitulation. Cet évènement consterna Frédéric ; heureusement, la fortune vint à son secours. Pierre III, Empereur de Russie, en 1762, étoit plein d'enthousiasme pour le Roi de Prusse ; et le premier acte d'autorité qu'il exerça à son avènement au trône, fut un ordre formel à ses troupes de passer au service de Frédéric. Ce Prince respira : dans l'intervalle, les Suédois firent la paix; mais une révolution subite ayant donné à Catherine II le sceptre de la Russie, les Prussiens se trouvèrent réduits à leurs propres forces. Leur Souverain ne se laissa pas abattre; il osa même assiéger Schweidnitz, et prit cette ville en dépit de la vigoureuse défense de Guasco. Les Autrichiens eurent encore depuis quelques minces avantages, qui s'évanouirent par la victoire que le Prince Henri remporta sur l'armée de l'Empire. Les régiments de l'infanterie Hongroise furent presqu'entièrement détruits. Enfin, en 1763, finit cette guerre, qui embrasoit l'Europe, les Indes et l'Amérique. Par le treizième article de la Paix de Paris, la France dut abandonner tous les pays du domaine Prussien. Le Château de Hubertsbourg fut choisi pour régler les intérêts particuliers de la Prusse, la Saxe et l'Autriche. La Reine de Hongrie céda, et restitua à Frédéric tout ce qu'il avoit possédé avant la guerre, et celui-ci s'engagea à évacuer la Saxe.

Après tant d'expéditions militaires, Frédéric se livra tout entier aux soins du Gouvernement. Le démembrement de la Pologne ne fut pour lui qu'une distraction agréable, qui l'enrichit sans effort. Catherine II, à la vacance du trône de cette République, avoit chargé le Comte du Keyserling, son Ambassadeur à Varsovie, de ne rien négliger pour déterminer les suffrages en faveur de son ancien Favori Poniatoski. Une de ses lettres interceptée, contenoit ces mots : *Souvenez-vous de mon Candidat ; je vous écris ceci à deux heures après minuit ; jugez si la chose m'est indifférente.* Le Comte de Keyserling obéit à sa Souveraine, et quoiqu'une indisposition l'eût empêché de se trouver à l'élection, ses démarches furent assez heureuses pour que Poniatoski fût proclamé Roi, le 7 Septembre 1764. Il prit le nom de Stanislas-Auguste. L'Impératrice le connoissoit comme un Prince foible, et souple à la main qui voudroit le gouverner ; elle sema la division dans ce pays, et y domina par les troupes qu'elle introduisoit sous prétexte de le pacifier. Quand elle crut son projet assez mûr, elle en fit part à Frédéric, en l'invitant à y entrer. Ce Prince y souscrivit, et se chargea de le faire agréer à Joseph II, par l'appas d'une portion égale dans le partage. En 1770, le Prince Henri de Prusse fit le voyage de Pétersbourg, et le démembrement de la Pologne fut décidé. Deux ans après, une peste qui ravagea ce pays, fit naître l'occasion d'exécuter le décret spoliateur ; et les trois Puissances ayant cerné le malheureux Royaume, chacune d'elle s'empara de la Province qui étoit le plus à sa bienséance. On réclama, on allégua le Traité d'Oliva, regardé comme la *Grande Charte* du Nord ; on gémit, et quelques Polonois portèrent leurs plaintes chez les Etrangers ; mais que pouvoient des cris isolés contre des armées nombreuses ? La portion échue à Frédéric étoit la moins riche en habitants ; elle comprenoit Elbing et toute la Prusse Polonoise, excepté Thorn et Dantzig : le commerce et le voisinage de la Vistule étoient un dédommagement de ce qui manquoit en population.

On prétend que l'anéantissement total de la République fut résolu dans un second voyage du Prince Henri à Pétersbourg, en 1776. Il avoit pour objet quelques difficultés élevées au sujet des lignes de démarcation ; ces obstacles furent bientôt applanis..... Le Grand-Duc, Paul-Pétrowitz, venoit de perdre son épouse ; et l'Impératrice, songeant à lui en donner une autre, déclara au

Prince Henri qu'elle avoit jeté les yeux sur sa nièce, la Princesse de Wirtemberg. Frédéric, a qui on fit part du projet de cette alliance, pria le Grand-Duc de venir à Berlin, où il verroit sa future épouse. Paul fit le voyage, vit la Princesse, et le mariage fut conclu. Les fêtes se multiplièrent à Charlottembourg, à Potzdam, à Rheinsberg. Le retour de Paul en Russie ne précéda que de quelques jours le départ de la Grande-Duchesse.

La mort de Maximilien-Joseph, Electeur de Bavière, en 1777, avoit fourni à la Cour de Vienne l'occasion de rappeler d'anciennes prétentions sur cet Etat. L'Electeur Palatin, Charles-Théodore, pour éviter la guerre, avoit comme cédé ses droits, et reconnu ceux de l'Empereur, quelqu'incertains qu'ils fussent. Le Duc de Deux-Ponts, le plus proche héritier de Charles-Théodore, protesta contre un Traité qui le dépouilloit. Ses réclamations, auroient été un cri inutile, si Frédéric ne se fut cru intéressé à empêcher l'agrandissement de l'Autriche. Il y eut d'abord une guerre de plume assez longue entre lui et Joseph; ensuite, on en vint à des combats plus sérieux. Quatre cent mille hommes tirèrent l'épée, et le sang commença à couler dans l'été de 1778. Catherine II menaça l'Empereur d'armer contre lui, s'il ne renonçoit à ses prétentions, et aussi-tôt un Congrès s'assembla à *Teschen*. Repnin, Général Russe, y parut en Ministre pacificateur; la Prusse y envoya Hertzberg, et Breteuil y vint au nom de la France. La Maison d'Autriche obtint une partie de la Bavière, entre le Danube, l'Inn et la Saltza : la paix fut rendue à l'Allemagne en 1779. Sept ans après, le Grand-Frédéric termina sa brillante carrière, et son corps fut déposé dans l'Eglise de la garnison de Potzdam...... Les leçons de l'histoire rendirent ce Prince politique profond, et Général habile. Ses pères ne lui avoient laissé qu'une puissance secondaire; il en fit un Royaume imposant : au titre de Conquérant, il joignit celui de Législateur..... Prince Royal, il n'ambitionna que la gloire de Marc-Aurèle; Roi de Prusse, il prit pour modèle Alexandre. Dédaignant le luxe par goût, l'évitant par économie, il plaça son faste dans le nombre des soldats. La fréquentation des Savants lui apprit à obtenir un rang parmi les Ecrivains distingués. Il attira Voltaire à sa Cour; et quoiqu'il se brouillât * bientôt avec lui, il ne dédaigna pas de l'honorer encore d'une correspondance suivie. Le Philosophe reçut son propre buste en porcelaine de la part de Frédéric, avec ses mots :

Viro immortali **.

Voltaire répondit au Roi par ce quatrain :

« Vous êtes généreux ; vos bontés souveraines
» Me font de trop nobles présents ;
» Vous me donnez sur mes vieux ans
» Une terre dans vos domaines ».

---

* La publication de l'Akakia avoit indisposé Frédéric contre le poëte François ; cependant les deux Philosophes s'étoient reconciliés, quand une nouvelle indiscrétion perdit Voltaire. Travaillant un jour à corriger un Ouvrage du Général Manstein, ce Savant reçut des vers du Roi, avec prière de les retoucher. *Mon ami*, dit Voltaire au Général, *à une autre fois. Voilà le Roi qui m'envoie son linge sale à blanchir ; je blanchirai le vôtre après.*

** A l'homme immortel.

Ce Prince avoit toujours convoité Thorn et Dantzig. Son neveu et successeur, Frédéric-Guillaume II, s'en empara. Tu sais, mon cher ami, avec quelle facilité le nouveau Roi de Prusse termina la Révolution de la Hollande; tu en connois toutes les circonstances, moins par ce que je t'en ai écrit, il y a quelques années, que par la voie publique, ou peut-être même par des témoins oculaires. Je supprime donc tout ce qui concerne cette expédition d'un moment, aussi-bien que celle que le même Souverain entreprit en personne contre la France; et je ne m'arrêterai qu'aux funestes évènements qui ont accompagné les derniers soupirs de la Pologne.

« Et son dernier soupir est un soupir illustre ».

CORNEILLE.

Il en fut de ce pays comme de tant d'autres Etats, qui, arrivés à un certain degré de gloire, ne subsistent plus que pour décliner, jusqu'au moment où ils s'éclipsent entièrement. Autrefois, la Prusse fut vassale de la Pologne; la Russie reçut ses loix, Vienne lui a dû sa délivrance, et les Turcs ont fui devant la face de ses armées. Mais les Sigismond, les Sobieski, les Auguste n'étoient plus que des noms sonores, qui flattoient l'oreille des Polonois actuels, et n'enflammoient plus leur cœur. Chaque Election étoit un temps de crise, et le signal des troubles. Un affreux mélange de vices Républicains et féodaux, avoit produit dans le Gouvernement cette langueur fatale, qui est le symptôme de l'agonie des Etats. Depuis le démembrement de 1772, la Pologne étoit enchaînée par Catherine II, qui savoit quel Roi elle lui avoit donné. Stanislas avoit les qualités d'un Académicien, et sa République avoit besoin, non d'un Savant pour l'instruire, mais d'un Héros pour la défendre. Sous lui, l'armée fut mal organisée, le peuple opprimé par la Noblesse, qui n'en étoit pas plus attachée au trône. Celui qui l'occupoit étoit moins puissant que le Ministre Russe Stackelberg. En 1788, la Pologne sembla vouloir faire un effort pour briser ses fers; elle comptoit encore dans son sein huit millions d'habitants. Cet Etat fondoit son espoir sur une alliance avantageuse, que le Cabinet de Berlin lui avoit offerte par le Ministre Buchholtz, et plus encore, sur un Traité positif conclu avec la même Cour en 1790, par la médiation du Marquis de Lucchesini.

On

On crut donc pouvoir sortir de l'esclavage où l'on gémissoit, et le premier réveil de cette nation fut l'abolition de ce cahos de loix incohérentes, que la Russie avoit forcé la Diète d'accepter en 1775. Une nouvelle Constitution est décrétée par acclamation, le 3 Mai 1791. « La » Religion Catholique y est déclarée celle » de l'Etat; toutes les autres sont tolé» rées; les privilèges de la Noblesse » confirmés, la Bourgeoisie rapprochée » de la première classe; le Corps Légis» latif partagé en deux Conseils, l'un » des Députés, l'autre des Sénateurs » présidés par le Roi : celui-ci est investi » du droit de sanctionner, ou rejeter, » les loix présentées par la première » Chambre; le Pouvoir Exécutif lui est » attribué. Après sa mort, le sceptre » passera à l'Electeur de Saxe et à ses » héritiers mâles, ou, à leur défaut, » aux maris de ses filles ».

Indignée d'un acte aussi peu respectueux, l'Impératrice fait, dès l'année suivante, sa déclaration de guerre à la Pologne. La Diète la reçoit avec un calme majestueux, auquel succéda ce noble enthousiasme qu'excitoit l'ardeur de se défendre. Le Roi fut entraîné, ou feignit de l'être. Mais, comment s'opposer aux armées Russes, qui cernèrent bientôt ce pays, conjointement avec les Prussiens? Il fallut un Général : le Roi n'en étoit pas un; encore moins son neveu Poniatoski. On le trouva dans *Thadée Kosciusko*. Cet homme qui s'acquit la haine des Russes, et la confiance de sa nation, étoit sorti d'une famille noble, peu riche, et fut élevé dans le Corps des Cadets. Il y montra des talents qu'il alla perfectionner en France. Fâché de n'avoir pu obtenir de service dans sa patrie, il passa en Amérique, où il fut décoré de l'Ordre de *Cincinnatus*. Etant retourné en Pologne en 1789, la Diète lui conféra le grade de Général-Major. Toutefois, il fut battu sur les bords du Bog, et forcé à une retraite précipitée par le Général Russe Kochowski.

Catherine II proposa à Frédéric-Guillaume le partage définitif. Bientôt, elle amena Stanislas-Auguste à déclarer publiquement qu'il falloit céder à l'ascendant des Russes, et le Monarque eut le triste courage de se soumettre à cet acte humiliant. Il accéda donc le 25 Août à la Confédération de Targowice, commencée par Félix Potocki et Rzewuscki, que la Russie avoit gagnés. L'armée fut indignée de la lâcheté du Souverain :

envain Poniatoski proposa-t-il à son oncle de se laisser enlever, afin de pouvoir ensuite continuer la guerre plus librement; Stanislas s'obstina à rester. Alors, son neveu demanda et obtint sa démission, ainsi que Kosciusko, et plusieurs Officiers de marque.

La Confédération des partisans de la Russie, rassemblée à Grodno en 1793, anéantit la Constitution du 3 Mai, et la réduction de l'Armée y fut décidée. En même-temps, le Ministre Moscovite publia un Manifeste, pour annoncer que sa Souveraine incorporoit à ses domaines toute la partie du territoire Polonois que ses troupes occupoient. Le Roi de Prusse, de son côté, avoit fait entrer une armée en Pologne, et Varsovie devint le théâtre de mille excès commis par les Russes, dont le Général Igielstrom toléroit les affreux désordres.

L'énergie des Polonois se ranima; ils appelèrent Kosciusko, retiré à Leipsick avec Ignace Potocki, Hugues Kolontay et Zajonczeck. Ces quatre braves entrés dans leur pays, y préparèrent l'insurrection. Kosciusko, obligé de disparoître de nouveau, passa en Italie, pour tromper la défiance des ennemis. Rappelé par les siens en 1794, il fut reçu à

Cracovie comme un libérateur. Madalinski, malgré les ordres des Russes, n'avoit pas voulu licencier son Régiment; quelques autres Officiers s'étoient joints à lui. ... Kosciusko est proclamé Général de cette Armée... L'Acte d'Insurrection est publié.... Sept mille Russes sont d'abord mis en fuite.

Igielstroom se flatta d'éteindre cet incendie, avant qu'il n'eût le temps de faire aucun ravage; mais l'entreprise n'étoit pas facile, et la position des Russes avoit de quoi les alarmer. Si l'esprit d'égoïsme n'eut point détruit la force d'ame des Polonois, et paralysé leurs efforts; si un noble enthousiasme les eût soutenus dans cette lutte violente, ils auroient arraché leur patrie à l'avidité de ses Conquérants.

Varsovie offrit des scènes dégoûtantes d'horreurs en tout genre. La Maison du Général Russe étoit gardée par un bataillon d'Infanterie; et quatre pièces de canon, braquées sur les avenues, en défendoient l'approche. Tant de précautions n'empêchèrent pas les Conjurés d'exécuter leur plan. Le 17 Avril, il se fit un horrible massacre des Russes: la maison d'Igielstroom fut forcée le lendemain; mais il fut assez heureux pour s'évader, et il alla rejoindre les Prussiens aux environs de la ville.

Kosciusko tâchoit d'organiser son armée près de Cracovie; les levées en masse étoient ordonnées, et cependant personne ne s'empressoit de se rallier sous les drapeaux de la liberté. Quelques milliers de paysans se rendirent au camp; troupe d'esclaves, indifférents à leur sort. La disette de soldats étoit moindre encore que celle de bons Officiers: néanmoins, Kosciusko, après être parvenu à délivrer le Palatinat de Cracovie des troupes Russes, alla prendre une position avantageuse à Palawica sur la Vistule, où il opéra sa jonction avec Grochowscki. Il fut pourtant battu par les Russes à Szezekocing, et ce revers facilita aux Prussiens l'entrée dans Cracovie.

D'un autre côté, Zajonczeck, mis en déroute près de Chelm, se vit obligé de passer la Vistule; ce qui découvrit Varsovie. Le peuple de cette ville immola de nouvelles victimes: l'Evêque de Vilna, et trois autres partisans de la Russie furent tirés des prisons pour être pendus sur le champ.... Les Moscovites continuoient à resserrer l'armée des Insurgents, et les Prussiens avoient mis le siège devant la Capitale. Ils furent contraints de le lever au bout de quelques semaines, à la nouvelle que la Grande-Pologne s'étoit aussi révoltée, et Varsovie fut délivrée le 7 Septembre. C'est le dernier beau jour qui ait luit pour la Pologne.

Après plusieurs batailles, dans l'une desquelles Frédéric-Guillaume II commanda en personne, Kosciusko, qui avoit tenté jusques-là de s'opposer à la réunion des Généraux Russes, Suwarow et Fersen, fut attaqué par ce dernier à Madziejowice, le 4 Octobre. Ses talents, sa valeur, son désespoir ne purent arrêter la déroute des Polonois. Ils cédèrent au nombre; tous périrent, ou rendirent les armes. Lui-même, couvert de blessures, tomba sans connoissance sur le champ de bataille, et fut fait prisonnier. Il ne revint à lui que pour s'écrier: *Adieu la Pologne*! On l'emmena à Pétersbourg, pour le plonger dans un cachot; et ce qui échappa au fer des ennemis, alla se réfugier à Varsovie, que la captivité de Kosciusko avoit jetée dans la plus profonde consternation.

Wawrzecki, qui avoit remplacé ce Général, fit travailler aux retranchements de Prague, faubourg de la Capitale. Les Russes parurent devant cette Place le 2 Novembre; et, dès le lendemain, quinze pièces de canon foudroyèrent les Polonois. Le siège ne fut pas long.... L'ardent Suwarow donna l'assaut, et fit passer au fil de l'épée, non-seulement les soldats, mais tous les habitants, sans distinction de sexe, ni d'âge. Vingt mille victimes tombèrent sous les yeux du Général Russe; et couvert du sang de ces infortunés, le féroce vainqueur entra en triomphe dans Varsovie. Wawrzecki en sortit avec ce qui lui restoit de troupes; le Roi fit semblant de le suivre; des Bourgeois, apostés à dessein, le retinrent. Bientôt, les débris de l'armée Polonoise se voyant sans ressources, forcèrent leurs Chefs à se rendre au Général Denysow. — Ainsi finit ce Royaume, qui avoit jeté jadis un vif éclat dans l'Europe; mais tels sont les décrets du Très-Haut!

« Des plus fermes Etats la chûte épouvantable,
» Quand il veut, n'est qu'un jeu de sa main redoutable ».

RACINE.

Wawrzecki, Ignace Potocki, Kapustay furent conduits à Pétersbourg; Madalinski eut pour prison une forteresse Prussienne; Kolontay et Zajonczek eurent le même sort dans les Etats d'Autriche.

Stanislas renonça à la compassion publique, en abdiquant à Grodno en 1795; il survécut peu à la honte et à l'anéantissement d'un Royaume dont sa foiblesse causa, en grande partie, la perte. Kosciusko, au contraire, attendrit par ses malheurs, et ses concitoyens eurent la consolation de le voir sortir de ses fers. Ce n'est pas que ce Général fût sans reproches: ses vertus avoient une teinte de cette mollesse qui étoit devenue le caractère des Polonois; sa douceur, poussée à l'excès, le rendit incapable de cette vigueur, et même de cette sévérité que les temps exigeoient.... Le sort de Madalinski fut pareillement adouci; il lui fut permis de vivre tranquillement dans la Prusse Méridionale, sous la surveillance des loix.... Zajonczeck, et plusieurs autres Officiers, passèrent au service de la République Françoise.

On ne rendoit certainement pas assez justice dans notre pays aux habitants de la Pologne; on les croyoit encore à demi-Sarmates, et moins civilisés qu'ils ne l'étoient. La vérité est qu'aucune autre Nation ne se rapproche autant des François, sous plusieurs rapports.

> « Un essaim glorieux de belles, de héros,
> » . . . . Successeurs polis des Sarmates sauvages,
> » De l'antique Vistule honorent les rivages ».
>
> DELILLE.

Un esprit naturel, une aptitude admirable pour les langues savantes et vivantes, le goût des voyages, tout contribuoit à former chez les Polonois une excellente société, l'agrément dans les manières, la douceur dans le commerce de la vie. La bravoure avoit été héréditaire dans la noblesse jusques dans les derniers temps. Pour perpétuer parmi elle l'honneur et l'émulation, Auguste II avoit fondé en 1705, l'Ordre de l'Aigle blanc; et le dernier Roi, l'Ordre de Saint-Stanislas en 1765.

Le démembrement définitif de la Pologne enrichit la Monarchie Prussienne d'un domaine considérable. Cet accroissement de puissance, qui coûta très-peu à Frédéric-Guillaume II, l'acquisition que le même Prince avoit faite des Etats d'Anspach et de Bayreuth, lui valurent le surnom d'*Heureux*; mais il ne jouit pas long-temps de sa bonne fortune, et mourut en 1797.

Son fils règne aujourd'hui, et retrace en lui celles des vertus du Grand-Frédéric, qu'il croit les plus analoges au bien de son peuple. Comme son illustre Grand-Oncle, il ignore la pompe et le luxe; comme lui, il a sur pied une armée nombreuse, que lui-même exerce avec une activité incroyable dans les images des combats. C'est sous ses yeux, c'est sous ses ordres que s'exécutent ces brillantes et savantes manœuvres qui fixent l'admiration des étrangers venus de toutes parts. Mais cette noble ardeur pour les exercices militaires, qui seroit redoutable dans un Roi ambitieux, n'a jamais entraîné Frédéric-Guillaume III dans des guerres, dont le succès ne serviroit peut-être à sa gloire, qu'en arrachant des soupirs à ses sujets. Il ne veut point d'une célébrité qui, flattant l'amour-propre du Héros, attristeroit le cœur du Père de la Patrie.

Actuellement, la Prusse a, pour ainsi dire, trois Capitales, Kœnigsberg, Varsovie et Berlin. La population est de huit millions sept cent cinquante-quatre mille cinq cent quarante habitants, dans une étendue de cinq mille trois cent soixante-huit milles carrés, et on compte près de mille villes, et environ quarante mille villages. Les revenus de la Couronne peuvent aller à un peu plus de trente millions d'écus.... Ce Royaume a plusieurs Ordres militaires. 1.° Celui de l'Aigle noir, fondé en 1701, par Frédéric I, a pour marque distinctive une Croix d'or, émaillée de bleu, à huit pointes. Au milieu sont ces lettres F. R., et par-dessus un Aigle noir, qui déploie ses ailes, et aboutit à quatre des pointes d'or. Le cordon est un large ruban de couleur orange, qui va de l'épaule gauche, par-dessus la poitrine, au côté droit. Les Chevaliers ont en outre une étoile d'argent brodée sur l'habit, où est représenté, dans le milieu, un Aigle noir qui vole, tenant dans une de ses serres une couronne de laurier, et dans l'autre, un fond avec cette devise : *Suum cuique*. 2.° L'Ordre de l'Aigle rouge se porte à un ruban ponceau ; c'est une Croix d'or carrée émaillée de bleu. Dans l'étoile que portent les Chevaliers, on voit l'Aigle rouge du Brandebourg, avec ces mots autour : *Sincerè et constantèr*. 3.° L'Ordre pour le mérite a été fondé par Frédéric II en 1740. La décoration consiste dans une Croix d'or à huit pointes, et une étoile d'émail bleu, qui pend à un ruban noir, bordé d'argent, avec ces mots: *Pour le mérite.*... Les Croix de Malthe sont si communes à Berlin, qu'on se croiroit à la Valette. Le Baillage de Brandebourg s'est séparé de l'Ordre de Saint-Jean quelque temps après les innovations de Luther, et il n'a plus conservé de relations avec les Grands-Maîtres des Hospitaliers. Le Chef actuel de ces Chevaliers est le Prince Ferdinand, à qui on a donné pour Coadjuteur le Prince Frédéric-Henri-Charles, frère du Roi; et le Chef-Lieu de ce Baillage est Sonnenbourg, près de la Warte. Les Chevaliers produisent seize quartiers, ne font point de vœux, et portent la Croix d'or, avec celle de Profès sur l'habit.

Ce Précis, tout imparfait qu'il est, et quoiqu'insuffisant pour mettre dans tout son jour la naissance et l'accroissement de la Monarchie Prussienne, m'a pourtant entraîné bien au delà des bornes d'une simple Lettre. Finissons pour cette fois.

« . . . Ma course a duré trop long-temps,
» Et je détèle enfin mes coursiers haletans ».

DELILLE. Géorg. II.

LETTRE

LETTRE DE M.r ANOT

A M.r RENISAU, A BALTIMORE.

De Berlin, 30 *Octobre* 1801.

Monsieur,

LA Renommée m'aura prévenu; déjà elle aura semé dans vos contrées la plus agréable de toutes les nouvelles, celle de la paix générale de l'Europe: je ne vous écris que pour vous la confirmer. Chaque jour enfante de nouveaux Traités, et tous concourent à éteindre les haines, à étouffer les défiances et à renouer les liens qui réunissoient les Nations, il y a quelques années. L'Europe n'est plus qu'une grande famille, dont les membres séparés par la discorde pendant quelques années, se rapprochent l'un de l'autre comme à l'envi. Mais ne rappelons pas ces anciennes querelles dans un moment où chacun promet d'en effacer le souvenir. La première Puissance qui a consenti à déposer les armes, est celle qui paroissoit la plus obstinée à les garder, l'Angleterre, que la voix publique accusoit de se refuser au vœu unanime des Humains.

« L'Anglois, tyran des mers, sûr de son ascendant,
» Prétend seul de Neptune usurper le trident.....
» Ses vaisseaux dans leur course, embrassent l'Univers,
» Et pour nous ses succès sont autant de revers.....
» L'Anglois, seul enrichi de la perte commune,
» Veut sur notre ruine élever sa fortune....
» Que son intérêt change, il change de parti,
» Et n'offre à qui le sert qu'un joug appesanti.
» ..... L'Europe enfin s'éclaire et se dégage ;
» L'Anglois en vain deux fois la rappelle au carnage :
» .... Vaincu lui-même, il fuit en menaçant,
» Et réduit à la paix, la signe en frémissant ».

Œuv. du C. de B.

Ces vers renferment des traits frappants, et évidemment analogues aux circonstances actuelles. Dans le mois de Septembre, tout annonçoit une prochaine descente des François dans la Grande-Bretagne. Tout étoit prêt dans le port, et à la rade de Boulogne. Nelson fit plusieurs tentatives, pour brûler et emmener cet armement redoutable ; mais il se vit obligé de se retirer avec honte et avec perte. Il méditoit de nouveaux efforts, quand la nouvelle des Préliminaires, signés à Londres, le premier d'Octobre, ne lui permit pas de réparer son hônneur, *un peu* blessé par ce dernier échec.

Cet Amiral avoit frappé des coups plus sanglants, le 2 Avril, dans un combat qu'il livra aux Danois, près de Copenhague. Vous avez su probablement que le Danemark et la Suède, de concert avec la Russie, ou plutôt à son instigation, s'étoient déclarées contre l'Angleterre. La mort de Paul I, arrivée *subitement* au mois de Mars, fit naître l'espérance de revoir bientôt le calme dans le Nord. En effet, il y règne aujourd'hui. La Cour de Pétersbourg s'est réconciliée avec celle de Londres, de Madrid, et avec le Gouvernement François, qui, de son côté, rend l'Egypte au Grand-Seigneur, et ses bonnes grâces au Portugal.

Cette pacification universelle, qui sèche tant de pleurs, rend la joie à tant d'individus, et ramène par-tout la confiance, elle est le bienfait d'un seul homme; de cet homme qui, par ses exploits incroyables pour tout autre que pour les témoins de sa valeur, de sa prudence et de son humanité, a rendu son nom immortel dans un âge où les autres ne font qu'entrer en lice, et ouvrir la carrière de leur réputation ; de cet homme qui réunit en lui les qualités des Capitaines les plus célèbres de l'Antiquité. Audacieux comme Alexandre, comme lui, il tenta la fortune, qui, docile à sa voix, ne l'a jamais trahi ; prudent comme Scipion, comme lui, il sut tirer avantage de ce que l'ennemi fit ou omit de faire ; rusé et politique comme Annibal, il fut impénétrable à tous les traits, et tira son salut et sa gloire des dangers les plus critiques, et des situations les plus désespérées. Il le prouva à Lonado, à Arcole, à Marengo. Vous me devinez ; je parle de Bonaparte. Il avoit anéanti les factions qui rongeoient les entrailles de la France; il avoit fait sortir de leurs débris la République triomphante, et en même-temps écrasé les ennemis du dehors ; voilà comment il avoit préparé les matériaux du bel ouvrage qui vient d'être consommé. Que ne doit-on pas

« . . . . Au Favori de la sage Pallas,
» Au Héros qui du Nil soumit l'urne féconde,
» Au rapide vainqueur des Alpes, de Melas,
» Au pacificateur du monde ?

» . . . . . . Ce jeune guerrier
» C'est Ulysse au Conseil, au Combat c'est Achille;
» Il a conquis la paix, et son vaste laurier
» En sera l'éternel asyle ».

Les Toasts de l'Olympe par Le Brun.

Chef magnanime d'une Nation puissante,

« . . . . Ton brillant Consulat
» Va des siècles dorés voir renaître l'éclat ».

GARNIER. Traduction de Virgile, Egl. IV.

« Déjà par tes secours propices,
» Janus voit son Temple fermé.
» Puisse ta gloire toujours pure,
» A toute la race future,
» Servir de modèle et de loi;
» Et ton intégrité profonde
» Etre à jamais l'amour du monde,
» Comme ton bras en fut l'effroi!

ROUSSEAU. Liv. III. Ode 2.

Paris présente aujourd'hui le plus imposant des spectacles. Le désir de voir cette Capitale, après tant de tempêtes, y attire une foule d'Etrangers, et les y retient, pour ainsi dire, malgré eux, comme on a peine à s'arracher à la vue d'une belle campagne, où une brillante sérénité a succédé à un affreux ouragan. De plus, cette ville voit arriver sans cesse les Ministres de tant de Puissances que la guerre avoit séparées, et que la Paix a rapprochées. D'illustres personnages s'y rendent eux-mêmes, soit pour considérer de près le Héros dont on a publié tant de merveilles, soit pour rechercher ses bonnes grâces.

« . . . . . Sa juste renommée
» Répandue au delà des mers,
» Jusqu'aux deux bouts de l'Univers
» Avec éclat sera semée.
» Ses ennemis humiliés
» Mettront leur orgueil à ses pieds;
» Et des plus éloignés rivages,
» Les Rois, frappés de sa grandeur,
» Viendront, par de riches hommages,
» Briguer sa puissante faveur ».

ROUSSEAU, Liv. III. Ode 6.

Il ne suffisoit pas à Bonaparte de rendre au Corps de l'Etat sa vigueur précédente, il vouloit encore guérir les plaies que le malheur des temps avoit faites à l'Eglise. Après avoir consulté l'opinion de plus de vingt-huit millions d'hommes, il vit clairement que la très-grande majorité soupiroit ardemment après le rétablissement du Catholicisme, de cette Religion vraiment divine, qui, depuis tant de siècles, avoit été une source de consolations pour tout un peuple. Désirant opérer cette réconciliation des François avec la foi de leurs Pères, il s'éleva au-dessus des obstacles que l'esprit de discorde et d'impiété avoit accumulés, et réforma les nœuds qui avoient jadis si étroitement uni notre pays avec le Saint-Siège, ce centre d'unité, dont on s'étoit écarté. De longues négociations entre le premier Consul et un Plénipotentiaire de la Cour de Rome, amenèrent un *Concordat*, qui sans doute sera le tombeau de ces divisions si fatales au Clergé Gallican ; Pacte heureux, qui prépare le triomphe de la Religion, ouvre la barrière que de sévères mesures opposoient à notre retour, et couronnera probablement dans peu la confiance que nous avons toujours conservée de revoir les beaux temps de l'Eglise.

« Hi nostri reditus, expectatique triumphi ;
» Hæc est magna fides ».

Æn. XI. 56.

Nous touchons au terme de nos courses ; nous ne tarderons pas à rentrer dans notre patrie, cette Mère commune, qui promet trop de douceurs à ses enfants, pour qu'ils ne se hâtent pas d'aller en jouir. Vous quitterez bientôt ces régions lointaines qui vous ont servi d'asyle pendant l'orage. Vous les quitterez; car quelqu'agrément qui vous y attache,

« Quelques soient les biens d'une terre étrangère,
» Toujours un tendre instinct, au sein de ce bonheur,
» Vers un séjour plus cher rappelle notre cœur ».

GRESSET.

LETTRE DE MALFILLATRE.

A SA SOEUR, A RHEIMS.

De Berlin, 18 *Décembre* 1801.

GRACE au Ciel! ma bonne Amie, mon retour est prochain, ou du moins je l'espère, et je fais fond là dessus. Si j'allois être encore trompé! Mais, non, ne concluons pas d'un temps à un autre. A la confusion a succédé le calme, aux agitations le repos, et aux alarmes la sureté la mieux fondée. Ne t'imagine pas que l'enthousiasme qu'a produit ce beau moment où les armes sont tombées des mains de tant de combattants, se soit concentré dans les bornes du pays que tu habites. Les Etrangers partagent l'ivresse des François, et, les yeux fixés sur celui qui les gouverne, ils s'écrient :

« Peuples, c'est par lui seul que Bellone asservie
» Va se voir enchaîner d'un éternel lien.
» C'est à votre bonheur qu'il consacre sa vie ;
» C'est à votre repos qu'il immole le sien.

» Reviens donc, il est temps que son vœu se consomme,
» Reviens, Divine Paix, en recueillir le fruit ;
» Sur ton char lumineux fais monter ce grand homme,
» Et laisse toi conduire au Dieu qui le conduit.

» Ainsi du Ciel calmé rappelant la tendresse,
» Puissions-nous voir changer, par ses dons souverains,
» Nos peines en plaisirs, nos pleurs en allégresse,
» Et nos obscures nuits en jours purs et sereins ».

Rouss. Liv. IV. Ode, 8.

Je me croirois indigne du nom François, si je ne m'empressois d'aller goûter dans sa source, la joie abondante qui découle de ma patrie, et va par torrents inonder le reste du monde. Il me sera permis de ne plus errer. Tu m'as vu, Voyageur malgré moi, m'enfoncer dans les roseaux de la Hollande, courir du Zuider-zee jusques près des rivages Africains, braver deux fois les frimats de l'Apennin et des Alpes, passer des sources du Rhin et du Danube aux bords humides de la Sprée. C'est assez.... Ah! quand, à l'âge de treize à quatorze ans, j'ai été arraché à mes foyers, je ne prévoyois guères que, presque par-tout, je n'obtiendrois qu'avec peine un asyle emprunté et dépendant. Telle fut pourtant ma destinée! Encore cette existence précaire m'a-t-elle été souvent enviée par le sort. C'est ainsi que réduit à fuir d'Anvers, je n'ai vécu en Hollande, que pour regretter ce pays au bout d'un an. Je n'ai mis les pieds dans la Hesse et la Bohème, que pour être repoussé de ces deux Etats. Peu satisfait du froid accueil que me fit la Bavière, j'allai me réunir aux Membres de l'Ordre de Malthe. Là, j'ai cru que la Fortune s'étoit réconciliée avec moi. Mais bien fou qui s'endormiroit au branle de sa roue! Elle me préparoit un de ces coups si imprévus qu'ils terrassent, avant qu'on n'ait le temps de songer à les parer. Pour me relever de cette chûte, je cherchai à me rapprocher de ma famille, et déjà à Constance, je lui tendois les bras, prêt à m'élancer vers elle, lorsqu'une force irrésistible me rejeta sur le Danube. J'aurois désiré suivre ce fleuve jusqu'à Vienne; l'Autriche fut sourde à mes prières, et impénétrable à mes efforts. La Prusse, plus indulgente, m'ouvrit une entrée facile; j'en profitai avec reconnoissance. Mais

« Un instinct né chez tous les hommes,
» Et chez tous les hommes égal,
» Nous force, tous tant que nous sommes
» D'aimer notre pays natal ».

Rouss. Liv. III. Ode, 8.

Je me dispose donc à me rendre aux empressements de mes Parents, et aux tiens. Tu brûles, dis-tu, de m'entendre raconter les aventures par lesquelles je suis passé:

« Quiconque a beaucoup vu
» Peut avoir beaucoup retenu ».

La Font. Liv. I. Fab. 8.

Je ne manquerai pas de contenter ta curiosité. Le canal des Lettres étoit insuffisant, pour donner à mes récits tout le jour que mérite leur *importance*. Tu seras frappée, enchantée de la vaste étendue de mon Odyssée. Ne ris pas de mes hyperboles.

« Ulysse, après vingt ans d'absence,
» De disgraces et de travaux,
» Dans le pays de sa naissance
» Vit finir le cours de ses maux ».

Rouss. Liv. III. Od. 8.

Au lieu de *vingt ans*, mettons-en *dix*; au moins serai-je un demi-Ulysse; ce qui n'est pas peu de chose. Tu sais quel plaisir causa ce Roi d'Ithaque aux Phéaciens, en leur exposant les détails de sa bonne et mauvaise fortune; tu en éprouveras autant, au récit que je te ferai de ce qui m'est survenu d'agréable, ou de déplaisant dans la Belgique, l'Allemagne, la Bohème, l'Italie, Malthe, la Silésie, la Pologne, *et autres lieux*. Toute ma famille partagera cette satisfaction:

« Je vous désennuierai. Mon voyage dépeint
» Vous sera d'un plaisir extrême.
» Je dirai: J'étois-là, cette chose m'avint:
» Vous croirez y être vous-même ».

La Font. Liv. IX. Fab. 2.

LETTRE

LETTRE DE MALFILLATRE

A M.r ANOT, A BERLIN.

Rheims, 20 *Mai* 1802.

ENFIN, je me retrouve au milieu des miens, et il ne manque plus à mon bonheur que de vous voir près de moi. Ce vœu est aussi celui de ma famille, et j'exprime le plus ardent de ses désirs, en vous conjurant de presser votre retour. Tous les obstacles sont levés, rien ne vous arrête plus. La publication du *Concordat*, que vous aviez avec raison regardée comme le signal de votre rentrée en France, a eu lieu le 18 Germinal. J'étois à Paris alors ; et par un hasard heureux, j'ai assisté à cette cérémonie, également intéressante pour l'Etat et la Religion, puisque cet acte fameux doit faire le bonheur de l'un et de l'autre.

Revenez donc, je vous ai ouvers la route à travers un tas de neige et de boue, où j'ai failli être enseveli dans mon voyage de Berlin à Rheims. Les fatigues qu'il m'a coûté, surpassent ce que j'avois éprouvé de plus pénible. Je me souviendrai long-temps du *Hartz* : ainsi appelle-t-on les horribles montagnes, ou plutôt les précipices qui séparent Halberstadt de Ellerich.

Magdebourg présente encore bien des ruines. Elles datent du siège que cette ville soutint en 1631 contre Tilli, qui vengea par les horreurs qu'il lui fit essuyer le chagrin que Gustave-Adolphe, tué quelque temps auparavant à Lutzen, avoit causé à son maître Ferdinand III. Le seul édifice qui frappe les yeux d'un voyageur, est l'ancienne Cathédrale bâtie avec goût en 1210, sur les ruines de celle que l'Empereur Othon I avoit fait construire en 968, époque à laquelle remonte la fondation de cet Archevêché. Cette église, sanctifiée jadis par la présence de Saint Norbert, est devenue un prêche de Protestants, depuis la sécularisation, à la paix de Munster, en faveur de l'Electeur de Brandebourg.

C'est dans la citadelle de cette forteresse importante que séjourna Lafayette, avant qu'il ne fût transféré à Olmütz. Cette circonstance vous étoit bien connue; encore moins ignorez-vous que c'est un Bourgmestre de Magdebourg, Othon de Guericke, qui, en 1654, inventa la machine pneumatique, et enrichit ainsi la Physique d'un nombre infini de découvertes.

Plus heureux que nous ne l'avions été dans nos premières courses en Allemagne, au moins ai-je eu à Cassel le loisir de considérer les beautés rares que nous n'avions qu'entrevues. Je ne vous répéterai point ce que j'eus ensuite à souffrir pour gagner Francfort, cette ville qui figure parmi les cités les plus remarquables de la Germanie, tant à cause de sa grandeur et de sa population, qu'à raison du commerce et de ses foires célèbres. En me lisant, vous me supposez sans doute à l'Hôtel-de-Ville, et au Dôme de Francfort, où se font l'élection et le couronnement de l'Empereur. Il m'eût fallu perdre trop de temps pour me procurer le plaisir de voir tirer de son étui la fameuse *Bulle d'or*, ce monument ridicule de la vanité de Charles IV, qui la publia en 1356, et que l'on conserve à la Chancellerie. J'ai jugé que l'idole ne valoit pas le sacrifice.

. Je brûlois du désir de mettre le pied sur le sol François. Un pont de bateaux unit les deux rives du Rhin, et établit la communication entre Cassel et Mayence. Cette dernière place, que l'on regardoit déjà comme une citadelle menaçante, vient de prendre un aspect plus formidable encore, depuis qu'elle est entre les mains des François. On y a épuisé l'art des fortifications. Ce n'étoit pas trop faire pour une ville qui se glorifie d'avoir vu naître chez elle l'usage de la poudre, vers l'an 1300. J'avois toujours regardé Berthold Schwartz comme l'auteur de cette invention : pourquoi attribue-t-on quelquefois cet honneur à Constantin Anclysen, Moine de Saint-François?

L'Arioste, usant du droit usurpé par les Poètes, de renverser l'ordre des temps et des évènements, suppose que la poudre et l'artillerie étoient connues avant l'époque citée. Au IXème. chant de Roland le furieux, on voit ce héros jeter à la mer la première arquebuse qui existât jamais, après avoir vaincu le Roi Frison Cimosque, l'unique possesseur de cette arme meurtrière. Au XIème. chant, il veut nous faire croire qu'elle fut tirée du sein des eaux par les enchantements d'un Magicien, qui la porta chez les Allemands. Ceux-ci, à force de tentatives, et non sans l'aide du Démon, retrouvèrent un secret qui heureusement avoit été perdu.

« La macchina infernal di più di cento
» Passi d'acqua, ove ascosa stè molt'anni,
» Al sommo tratta per incantamento,
» Prima portata fu tra gli Alamanni;

» Li quali uno ed uno esperimento
» Facendone, e'l demonio, a' nostri danni,
» Assotigliando lor' via più la mente
» Ne ritrovaron l'uso finalmente ».

St. 23.

Le Poète ne croit pas pouvoir exprimer plus énergiquement son horreur contre l'inventeur de la poudre, qu'en le plaçant dans l'enfer à côté de Judas :

« Che ben fu il più crudele, e il più di quanti
» Mai furo al mondo ingegni empi e maligni,
» Che immaginò si abbominosi ordigni.

❧

» E crederò che Dio, perche vendetta
» Ne sia in eterno, nel profondo chiuda
» Del cieco abisso quella maledetta
» Anima, appresso al maledetto Giuda ».

L'art de l'Imprimerie, moins meurtrier sans doute, mais dont les abus ont quelquefois des conséquences bien funestes, a donné lieu à une contestation sérieuse. Qui décidera entre Mayence et Harlem? On ne peut employer que des moyens conciliatoires. Coster, disent les médiateurs, n'imprimoit que sur des planches taillées, tandis que dans le même temps, c'est-à-dire en 1440, Jean Güttemberg se servoit de caractères mobiles.

Les ruines qu'offre Mayence, prouvent ce que cette ville eut à souffrir depuis dix ans. En changeant de maître, elle s'applaudit de voir son repos assuré. Les quatre Départements de la rive gauche, réunis aujourd'hui à la France, seront à l'abri de ces horreurs qu'ils éprouvèrent dans différentes guerres. Je me rappelois avec tristesse les ravages du Palatinat, quand je traversois une partie de ce pays si maltraité par les ordres de l'inflexible Ministre Louvois.

La mauvaise saison et la crainte de tomber dans les bandes redoutables du brigand *Schinderhannes* m'obligèrent de remonter le Rhin jusqu'à Vorms. Je repris ensuite une route plus directe par Kayserslautern : par-tout, je n'ai vu que des traces du Dieu de la guerre ; et l'épouvante reste encore, quand sa fureur est éteinte.

Ces tristes idées me suivirent jusqu'à Metz. La vue de cette ville rappelle tout d'abord la belle défense qu'elle opposa à Charles-Quint en 1553, et qui donna un démenti à la fastueuse devise de ce Prince : *Plus ultrà*. La joie maligne des vainqueurs la parodia, en y substituant ces mots : *Non ultrà Metas*. Allusion sanglante, aussi bien que celle du vers suivant composé à la même occasion :

« Siste viam Metis ; hœc tibi meta datur ».

Henri II, à qui le Duc de Guise conserva cette Place importante, la mit à couvert de toute surprise par une bonne citadelle.

L'impatience me donnant des ailes, vous jugez avec quelle rapidité je franchis l'espace qui sépare Metz et Rheims. Enfin, j'entrai dans cette ville que je n'avois vue qu'avec les yeux de l'enfance; et je goûtai, à longs traits, le plaisir indicible de se jeter, après onze ans d'absence, entre les bras de ses parents. Personne ne sait mieux que vous ce que je dois à mon oncle; il m'avoit donné trop de témoignages de bonté pour que la reconnoissance n'exigeât pas les remercîments les plus prompts. J'allois les lui faire de vive voix à Paris. J'étois d'ailleurs curieux de couronner mes voyages par celui de la Capitale de la France, j'ai presque dit de l'Europe. Les beautés éparses que nous avons admirées en différents pays, je les ai toutes retrouvées dans cette fameuse Cité, l'abrégé des merveilles de l'Univers. J'y étois encore, quand le bruit du canon annonça au public la Paix définitive conclue à Amiens. Il n'est point de François dont le cœur ne s'ouvre aujourd'hui à la joie, et à l'espoir du plus heureux avenir. Une seule classe avoit encore lieu de soupirer : celle-là aussi vient de recouvrer le droit de partager l'allégresse commune, en revoyant les objets de leurs regrets. L'Amnistie prononcée en faveur des Emigrés, rend à chaque famille ce qu'elle avoit de plus cher, et assure pour jamais au Gouvernement la reconnoissance et l'amour de toutes les nations.

Je vous attends sous peu, et je fais espérer à vos parents que vous les verrez au plus tard dans un mois.......

LETTRE DE M.r ANOT

A M.r VOCTRI, A BERLIN.

Rheims, 27 *Décembre* 1802.

C'EST à regret sans doute que je vous ai quitté, mon cher Voctri ; mais, vous en êtes convenu vous-même, de quelqu'agrément que je jouisse à Berlin, quelqu'attachement que j'eusse aux personnes qui m'honoroient de leur amitié, la voix de la patrie se faisoit entendre, et je devois y être docile. Je vous avois promis un récit de mon voyage; mais le peu d'intérêt qu'il présente, me dispense de tenir parole. Ma route étoit dirigée sur Brunswick; vous avez habité cette ville, et vous en connoissez l'histoire. D'ailleurs, il importe assez peu de savoir que son nom latin *Brunopolis*, vient de ce qu'elle fut bâtie en 868 par le Duc de Saxe Brunon; que cette place, sous prétexte d'avoir racheté sa liberté, lutta pendant plusieurs siècles contre les efforts de ses Ducs. Rodolphe-Auguste se l'assujettit en 1670, de manière à laisser cette souveraineté à ses descendants, qui figurent parmi les Princes de l'Europe.

Souvent je vous avois fait de tristes peintures de la Westphalie; je vous ménagerai l'ennui de m'en entendre parler ici. C'est assez pour moi d'avoir dévoré celui de traverser de nouveau cette Province mélancolique de l'Allemagne. Il me sembloit respirer un air plus léger et plus pur, quand je me trouvai sur les bords du Rhin. Après avoir revu les amis que j'avois laissés jadis dans la Hollande et dans le pays de Clèves, je remontai la Meuse jusqu'à Maëstricht. Là s'ouvrit un des plus magnifiques bassins que la nature ait formé pour le plaisir des yeux, et l'aisance des habitants. Quel contraste entre les sables arides du

Brandebourg, et le sol fertile et varié, où fut bâtie Maëstricht ! Les Latins nommèrent cette ville *Trajectum ad Mosam*, ou *Superius*, pour la distinguer d'Utrecht. Cette ancienne possession des Espagnols passa, par voie de conquête, aux Hollandois. Elle leur échappa, quand Louis XIV rendit douteux si la République Hollandoise subsisteroit encore en Europe : toutefois la Paix de Nimègue la remit entre les mains de ses maîtres. Il étoit réservé à notre siècle de les dispenser de l'embarras de garder une place aussi importante. Par un effet des mêmes changements, Liège, jadis Principauté Ecclésiastique, est devenue le Chef-lieu d'un Département de France. Son territoire renfermoit vingt-cinq Baronies, et vingt-quatre villes closes. On fait honneur de sa fondation à Ambiorix, dont César parle dans ses commentaires. Je ne saurois dire si elle eut plus à souffrir des brigandages des anciens Normands, que de l'ambition des Ducs de Brabant, qui convoitèrent cette ville et s'en emparèrent. L'un d'eux, Jean de Bourgogne, pour punir les Liégeois de s'être révoltés contre leur Evêque, en extermina trente mille dans une bataille en 1409, et fit jeter les plus coupables dans la Meuse. Cet acte de sévérité ne les rendit pas plus dociles à leurs Evêques, devenus leurs Souverains : témoin, les derniers efforts qu'ils ont faits de nos jours pour secouer le joug.

Maintenant leur sort est fixé, et ils oublieront leurs vieilles querelles au sein du repos dont va jouir la France. Qu'il m'a été doux de voir ce beau pays pacifié ! Ses habitants n'ont pas cru pouvoir donner à leur libérateur une marque plus solemnelle de leur reconnoissance, qu'en lui assurant pour la vie la dignité de *Premier Consul*. C'étoit prolonger leur bonheur autant qu'il dépendoit d'eux. Cette proclamation eut lieu le 15 Août, jour de la naissance de Bonaparte. A ces deux époques intéressantes s'en joignoit une troisième, la signature de ce fameux *Concordat* dont l'exécution s'opère tous les jours. Déjà les nouveaux Evêques sont en possession de leurs sièges ; la Justice reprend son droit, le culte sa liberté et son éclat, les Chrétiens leur première ferveur,

« Enfin les pleurs de l'innocence
» Ont désarmé le Dieu jaloux,
» Et les trésors de sa clémence
» Vont encor se rouvrir pour nous.
» Des méchants le sceptre fragile

» Se brisera comme l'argile
» Entre les mains du Roi des Rois.
» Sur l'aile des vents il s'avance ;
» Il parle, et la terre en silence
» Frémit aux accents de sa voix ».

Ode sur le Rétablissement du Culte, par M. Gaston.

Tout présage un bel avenir. Puisse la République Françoise, rendue à la Religion et au bon ordre, compter toujours autant d'heureux que de citoyens!

Fin du second et dernier Volume.

www.ingramcontent.com/pod-product-compliance
Ingram Content Group UK Ltd.
Pitfield, Milton Keynes, MK11 3LW, UK
UKHW021845190726
13855UKWH00001B/157